Pedro Graf / Maria Spengler

Leitbild- und Konzeptentwicklung

SozialMANAGEMENT Praxis

Pedro Graf/Maria Spengler

Leitbild- und Konzeptentwicklung

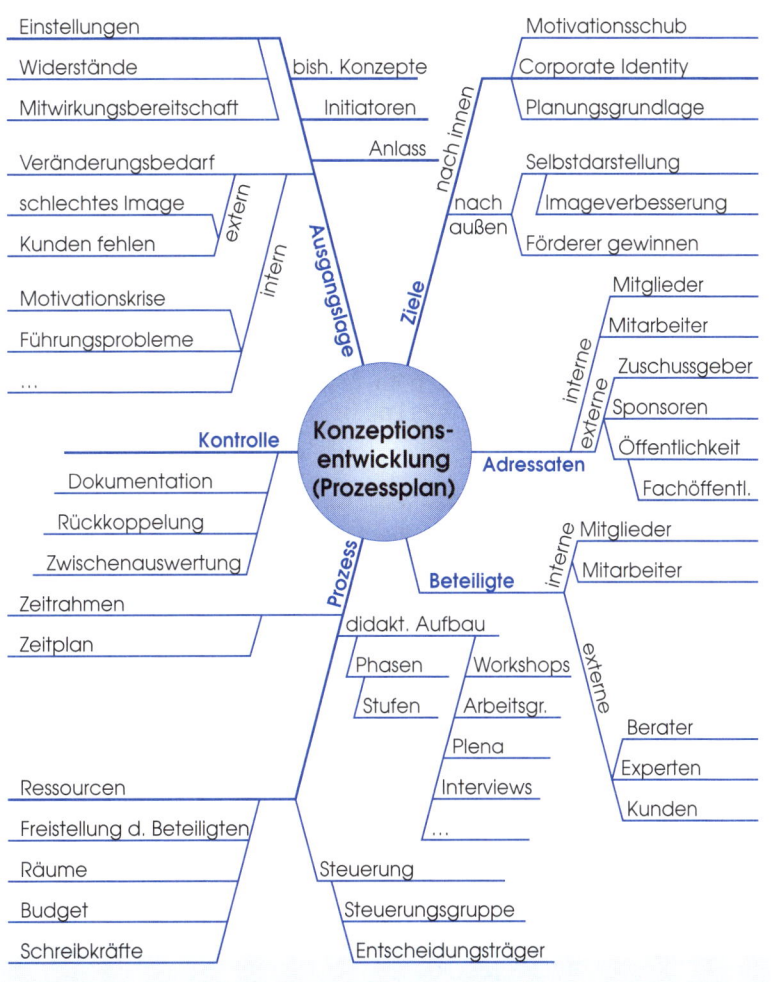

5. überarbeitete Auflage

Strategien – Tools – Materialien

Bibliografische Information der deutschen Bibliothek
Die Deutsche Bibliothek verzeichnet diese Publikation in der Deutschen Nationalbibliografie;
detaillierte bibliografische Daten sind im Internet über http://dnb.ddb.de abrufbar.

Wichtiger Hinweis des Verlages: Der Verlag hat sich bemüht, die Copyright-Inhaber aller verwendeten Zitate, Texte, Bilder, Abbildungen und Illustrationen zu ermitteln. Leider gelang dies nicht in allen Fällen. Sollten wir jemanden übergangen haben, so bitten wir die Copyright-Inhaber, sich mit uns in Verbindung zu setzen.

Inhalt und Form des vorliegenden Bandes liegen in der Verantwortung der Autoren.

Printed in Germany

ISBN 978-3-940 562-07-4

Verlag	ZIEL – Zentrum für interdisziplinäres erfahrungsorientiertes Lernen GmbH Zeuggasse 7–9, 86150 Augsburg, www.ziel-verlag.de 5. überarbeitete Auflage Mai 2008
Wissenschaftliche Beratung und Lektorat	Prof. Dr. Gotthart Schwarz
Satz und Layout	Petra Hammerschmidt, **alex media GbR** Zeuggasse 7–9, 86150 Augsburg
Druck und buchbinderische Verarbeitung	Kessler Druck + Medien Michael-Schäffer-Straße 1, 86399 Bobingen

© Alle Rechte vorbehalten. Kein Teil dieses Buches darf in irgendeiner Form (Druck, Fotokopie oder einem anderen Verfahren) ohne schriftliche Genehmigung des Verlags reproduziert oder unter Verwendung elektronischer Systeme verarbeitet, vervielfältigt oder verbreitet werden.

INHALTSVERZEICHNIS Seite

Übersicht der Schaubilder, Grafiken und Tabellen   8

Vorwort   10

1. Begriffsbestimmung und theoretischer Rahmen   14

1.1 Konzept und Konzeption   14

1.2 Konzeptentwicklung   17

1.3 Soziale Organisationen   18
    Soziale Organisationen als Non-Profit-Organisationen   18
    Soziale Organisationen als Dienstleistungsunternehmen   21
    Exkurs: zur Qualitäts- und Erfolgskontrolle
    sozialer Dienstleistungen   23
    Zum Management sozialwirtschaftlicher Unternehmen   25
    Soziale Organisationen als soziale Systeme   27

2. Die Konzeption als Instrument der globalen Steuerung von sozialen Organisationen   31

2.1 Das Strukturmodell von St. Beer als systemtheoretischer Hintergrund   31

2.2 Zur Funktion von Konzeptionen für die Systemsteuerung   37

2.3 Formen oder Spielarten von Konzeptionen   42

2.4 Ziele als zentrale Konzeptionselemente   44
    Ziele – Werte – Normen   44
    Ziele – Mittel – Wege   45

3.	**Konzeptionen auf Trägerebene**	47
3.1	Das Leitbild	47
	Was ist ein Leitbild?	47
	Wie muss ein Leitbild sein?	49
	Das Unternehmens- oder Verbandsleitbild	51
	Leitvorstellungen öffentlicher Träger	54
3.2	Die Unternehmens- oder Verbandskonzeption (bzw. Unternehmens- oder Verbandspolitik)	56
3.3	Die Führungskonzeption bzw. die Führungsgrundsätze	60

4.	**Das Verfahren der Konzeptionsentwicklung**	64
4.1	Konzeptionsentwicklung als systemischer Prozess	64
4.2	Phasen und Stufen der Konzeptionsentwicklung	69
	Phase I: Vorbereitung	69
	Phase II: Erarbeitung	72
	Vorstufe: Formulierung einer Vision	72
	Stufe 1: Informationssammlung und Situationsanalyse	73
	Stufe 2: Zielbestimmung	82
	Stufe 3: Redaktionelle Bearbeitung	88
	Phase III: Umsetzung	90
	Phase IV: Kontrolle und Fortschreibung	91
4.3	Die Leitbildentwicklung	92
4.4	Zusammenfassung	99

5.	**Die Einrichtungskonzeption**	100
5.1	Die Inhalte	100
5.2	Das Verfahren	103

Inhaltsverzeichnis

6.	**Die Leistungsbeschreibung in der Sozialen Arbeit**	106
6.1	Die Begriffe „Leistung" und „Produkt"	106
6.2	Warum Leistungsbeschreibungen?	106
6.3	Leistungen und Produkte als Organisations- und Steuerungsprinzip	107
6.4	Der Leistungs- oder Produktkatalog	108
6.5	Die differenzierte Leistungsbeschreibung	111
7.	**Das Konzept als Innovationsprogramm Sozialer Arbeit**	112
7.1	Konzepte von neuen Initiativen	112
	Funktion des Konzeptes	112
	Inhalte des Konzeptes	113
	Das Verfahren der Konzeptentwicklung	116
7.2	Konzepte von anerkannten Trägern und Einrichtungen	121
	Die Funktion	121
	Die Inhalte	121
	Das Verfahren	121
8.	**Kleinere Alltagskonzepte**	122
9.	**Fazit**	123
	Literaturverzeichnis	124
	Die Autoren	126

Übersicht der Schaubilder, Grafiken und Tabellen

Abb. 1: Unterschiedliche Konzept(ions)papiere
Abb. 2: Profit- und Non-Profit-Organisationen
Abb. 3: Gewerbliche und Dienstleistungsunternehmen
Abb. 4: Wohlfahrtsorganisationen als soziale Systeme
Abb. 5: Das neurophysiologische Regelungssystem des menschlichen Organismus
Abb. 6: Das Modell der Unternehmensführung bzw. das „autonome Management" (nach St. Beer)
Abb. 7: Zielsetzungs-, Planungs- und Kontrollsystem für NPO
Abb. 8: Das Führungssystem nach dem St. Galler Management-Modell
Abb. 9: Funktionen einer Konzeption
Abb. 10: Konzeptionsformen für Wirtschaftsunternehmen (nach H. Ulrich)
Abb. 11: Leitbildfragen
Abb. 12: Anforderungen an ein Leitbild
Abb. 13: Verbandsleitbild
Abb. 14: Verbandsleitbild – Gliederungsbeispiel I
Abb. 15: Verbandsleitbild – Gliederungsbeispiel II
Abb. 16: Leitbild-Kurzfassung – Ein Beispiel
Abb. 17: Verbandskonzeption bzw. Verbandspolitik – Gliederung
Abb. 18: Führungskonzeption – Gliederung
Abb. 19: Führungsgrundsätze – Gliederungsbeispiel
Abb. 20: Planungsschema I
Abb. 21: Planungsschema II
Abb. 22: Planungsschema III
Abb. 23: Phasen und Stufen einer Konzeptionsentwicklung
Abb. 24: „Mind-map" – Prozessplan für eine Konzeptionsentwicklung
Abb. 25: Wertvorstellungsprofil
Abb. 26: Schema für eine Umweltanalyse bei einer Verbands- oder Vereinskonzeption
Abb. 27: Szenario-Verfahren (vereinfachte Schrittfolge)
Abb. 28: Einfluss- oder Vernetzungsmatrix
Abb. 29: Zukunftswerkstatt – Hauptphasen
Abb. 30: Zielbewertungsmatrix
Abb. 31: Schema für die Erarbeitung einer Verbands- bzw. Vereinskonzeption
Abb. 32: SWOT- bzw. SPOT-Analyse
Abb. 33: Ablaufskizze für eine Leitbildentwicklung
Abb. 34: Leitfragen-Katalog I zur Leitbilderstellung
Abb. 35: Leitfragen-Katalog II zur Leitbilderstellung
Abb. 36: Fragen zur Umsetzung des Leitbildes
Abb. 37: Methoden zur Umsetzung des Leitbildes
Abb. 38: Einrichtungskonzeption – Gliederung
Abb. 39: Schema für eine Umweltanalyse bei einer Einrichtungskonzeption

Übersicht der Schaubilder, Grafiken und Tabellen

Abb. 40: Schema für die Erarbeitung einer Einrichtungskonzeption
Abb. 41: Modell der outputorientierten Steuerung
Abb. 42: Produktpyramide
Abb. 43: Beispiel „Produktplan"
Abb. 44: Beispiel „Leistungskatalog"
Abb. 45: Schema für eine differenzierte Leistungsbeschreibung
Abb. 46: Check-Liste für das Konzept eines Projektes/einer neuen Maßnahme
Abb. 47: Raster Finanzierungsplan
Abb. 48: Schema für die Erarbeitung eines Maßnahme- bzw. Projekt-Konzeptes
Abb. 49: Stufen zur Erarbeitung eines Projekt- bzw. Maßnahme-Konzeptes
Abb. 50: „Brain-storming" für ein Alltagskonzept

Vorwort

Die Diskussionen um neue Konzeptionen und Konzepte in den Unternehmen, Parteien, Gewerkschaften, Kirchen, Behörden und Verbänden sind zu einem festen Bestandteil der manifesten Krise bürokratisch organisierter Institutionen in Politik und Verwaltung wie im sog. „Dritten Sektor" der gemeinnützigen Non-Profit-Organisationen (NPO) geworden. Auf allen Ebenen, so der häufige Tenor zahlreicher Stellungnahmen, summieren sich die konzeptionellen Defizite, werde „konzeptionelle Phantasie" zur Mangelware. Insbesondere das politisch-administrative System (PAS) der Verwaltung denke und entscheide in veralteten Planungs-, Verantwortungs- und Ressortkategorien und sei den Aufgaben modernen Managements nicht länger gewachsen. Schlagworte wie „Corporate Identity", „neue Unternehmenskultur" und „lernende Organisation" beflügeln die Vorstellungen der Wirtschaftsbosse und kommunalen Verwaltungschefs ebenso wie die professioneller OrganisationsberaterInnen und ehrenamtlicher Vorstände in Non-Profit-Organisationen.

Gegen die herrschende administrative Praxis in vielen Unternehmen, Behörden und Einrichtungen richtet sich zunehmend die Forderung nach neuen Konzepten einer qualitativen Verbesserung der Waren- und Dienstleistungsangebote kommerzieller Anbieter und einer an den Lebenslagen und -bedürfnissen der Menschen ansetzenden Verwaltung im staatlichen Sektor und in Non-Profit-Organisationen. Gefordert werden konzeptionell und qualitativ durchdachte Handlungskonzepte mit klaren Zielsetzungen und verbesserten Leistungsstandards, wie z.B.:

- bürgernahe Dienstleistung statt hoheitlicher Kontrolle, Unterstützung und Kooperation statt Ermittlung und Überwachung;
- Lebenswelt- und Lebenslagenorientierung, Unterstützung der Menschen bei den Problemen ihrer Existenzsicherung und Alltagsbewältigung;
- Verbesserung der professionellen Hilfeleistungen sozialer Dienste durch fachliche Qualifikation, Angebotserweiterung, Kundenfreundlichkeit, Öffnungszeiten etc.;
- Veränderte Arbeitsstrukturen in den Behörden, Verbänden, Einrichtungen durch Teamarbeit, fachliche Autonomie, Kooperation, Delegation, Information und Kommunikation.

Die Widerstände gegen die Realisierung solcher innovativen Konzepte in den Unternehmen, kommunalen Verwaltungsapparaten, Behörden und sozialen Einrichtungen sind ebenso zahlreich wie vielschichtig. Viele Reformversuche scheitern an den herrschenden Strukturen der Verwaltung, der geringen Planungskompetenz und den dominierenden Interessen des Leitungspersonals oder der MitarbeiterInnen, an der reaktiven Handlungsorientierung und den Abstimmungsproblemen der Behörden, Verbände und Einrichtungen, nicht zuletzt an der Konkurrenz um Geld, Größe und Einfluss.

Vorwort

Auch in den Berufsfeldern sozialer Arbeit und in sozialen Organisationen werden neuerdings Konzepte und Konzeptionen für eine dringend notwendige Neu- und Umorientierung verstärkt diskutiert. Der vorliegende Band gibt hierüber Aufschluss und Rechenschaft. Visionen entwickeln, Konzeptionen entwerfen und Konzepte formulieren zu können, gilt als eine unverzichtbare Schlüsselqualifikation und beruflich-fachliche Kompetenz von Leitungs- und Führungskräften. Konzeptionen sind nach Graf *„Instrumente der globalen Steuerung von sozialen Organisationen"* und gleichzeitig *„Ent-würfe, d.h. geistige Würfe in die Zukunft hinein"* im Grenzbereich zwischen Vision und Plan. Als solche sind sie wichtige Steuerungsmittel des modernen Managements, die auf zwei wesentlichen Grundannahmen basieren: einmal müssen die MitarbeiterInnen in die Konzepterstellung einbezogen werden und über die erforderlichen Ressourcen, also Ideen, Fähigkeiten, Informationen verfügen bzw. sie beschaffen und entwickeln können. Und zweitens dient der Prozess der Konzeptentwicklung dazu, die Motivation der MitarbeiterInnen zu fördern, ihre Fähigkeiten weiterzuentwickeln und somit dem persönlichen Wachstum wie auch dem Fortschritt der Organisation. Konzeptentwicklung ist also Personalentwicklung und Organisationsentwicklung zugleich. Ohne lernende Menschen gibt es keine lernende Organisation.

Der Autor, *Pedro Graf,* ist gelernter Jurist und Politikwissenschaftler mit umfassender Erfahrung und Qualifikation im Felde sozialer Arbeit wie in der Organisationsberatung und Organisationsentwicklung. Die Fragen und Probleme, denen er am Beispiel sozialer Organisationen nachgeht, lassen sich auch auf Unternehmen im Profitbereich, auf staatliche und kommunale Verwaltungsbehörden übertragen. Organisations-, Verbands- und Unternehmensleitbilder, Einrichtungskonzeptionen und Führungskonzepte werden derzeit in den Betrieben, Behörden und Verbänden der freien Wohlfahrtspflege mit gleicher Intensität gesucht, entwickelt und diskutiert. Die Orientierungskrise macht ihnen allen gleichermaßen zu schaffen. Gesucht werden Ziele, Inhalte, Verfahren, die geeignet sind, in den schwierigen Zeiten einer *„neuen Unübersichtlichkeit" (Habermas)* Anhaltspunkte für eine geistige Integration, richtungsweisende Orientierung und zukunftsweisende Systemsteuerung zu geben.

Die Arbeit an Konzepten wird vom Autor im vorliegenden Text anhand zahlreicher konkreter Beispiele aus der Praxis als ein partizipativer, gruppendynamischer Prozess zwischen den beteiligten Personen unterschiedlicher Ausbildung, Funktion, Interessenlagen und Lebenseinstellungen analysiert und beschrieben. Konzeptionsentwicklung definiert Graf als einen systemischen Prozess, nicht als einmalige, lineare Stufenfolge, sondern als offenes Verfahren mit ständigen Rückkoppelungen zwischen den verschiedenen Entwicklungsschritten. Mit seinen Worten: als ein innovatives Projekt der Personal- und Organisationsentwicklung, das ein geplantes, systematisches und verantwortungsvolles Vorgehen auf allen beteiligten Seiten erfordert.

Die positive Aufnahme, die der Pilotband SOZIALMANAGEMENT in kurzer Zeit gefunden hat, erhoffen die Herausgeber auch für den vorliegenden und die weiteren Texte der Reihe SCHWERPUNKT MANAGEMENT.

Gotthart Schwarz München im Januar 1995

Vorwort zur 3. Auflage

Die positive Aufnahme dieses Bandes unserer „blauen Reihe" in der Fachöffentlichkeit und bei den Lesern, die eine dritte Auflage erforderlich macht, hat mich sehr gefreut. Damit sich dieser Erfolg fortsetzt, habe ich den bisherigen Text nach den zwischenzeitlichen Erfahrungen mit Konzeptentwicklungsprozessen im Bereich sozialer Dienste und dem neuesten Diskussionsstand dazu, zusammen mit *Maria Spengler,* mit der ich Weiterbildungsveranstaltungen zum Thema durchführe, entsprechend überarbeitet und erweitert. Vor allem die Ausführungen zum „Leitbild" sind erheblich ergänzt und ausgebaut worden. Deshalb und wegen der zunehmenden Bedeutung und Verbreitung von „Leitbildern" im Rahmen von Organisationsentwicklungs- und Qualitätssicherungsvorhaben in sozialen Einrichtungen wurde der Titel in „*Leitbild-* und Konzeptentwicklung" geändert. Außerdem ist ein Kapitel „Leistungsbeschreibungen" hinzu gekommen, das in Anbetracht der allmählichen Durchsetzung neuer Steuerungsformen in der öffentlichen Verwaltung und insbesondere bei der Förderung freier Träger Sozialer Arbeit, einem aktuellen Bedarf entspricht.

Schließlich möchte ich die Gelegenheit dieses Vorwortes dazu nutzen, Herrn *Hermann Beiler* nachträglich ganz herzlich zu danken, mit dem ich früher viele Seminare zum Thema durchgeführt habe und dem ich eine Fülle von Anregungen zur 1. Auflage verdanke.

Pedro Graf Pöcking im September 2000

Vorwort zur 4. Auflage

Die 4. Auflage berücksichtigt einerseits die in den letzten Jahren zunehmend erfolgte Implementierung neuer Steuerungsmodelle und Qualitätssicherungsinstrumente im Bereich kommunaler Sozialverwaltungen und freier Träger der Jugend- und Sozialhilfe, andererseits den aktuell wachsenden Abbau sozialer Leistungen und Standards in der Bundespolitik.

Pedro Graf   Pöcking im Juli 2004

Vorwort zur 5. Auflage

Dass diese erstmals 1995 vorgelegte Broschüre inzwischen in die 5. Auflage geht ist sehr erfreulich. Die neue Auflage berücksichtigt die zunehmende Marktorientierung sozialer Dienstleistungen auf EU-Ebene und fügt im 1. Teil einen Exkurs zur Qualitäts- und Erfolgskontrolle dieser Dienstleistungen ein.

Pedro Graf   Pöcking im Mai 2008

1. Begriffsbestimmung und theoretischer Rahmen

1.1 Konzept und Konzeption

Was versteht man unter einem „Konzept"?
Dasselbe oder etwas anderes wie unter einer „Konzeption"?

Beispiele   Hierzu einige praktische Beispiele aus der sozialen Arbeit:

- Der Geschäftsführer eines Wohlfahrtsverbandes legt sich ein „Konzept" für seine Finanzverhandlungen mit einem Ministerialbeamten zurecht, ein anderer erstellt ein „Konzept" (oder eine „Konzeption"?) für eine neue Beratungsstelle, für die er einen Zuschuss beantragen möchte.
- Der Leiter der Abteilung Öffentlichkeitsarbeit eines Verbandes legt dem Vorstand ein „PR-Konzept" vor; eine verbandsinterne Projektgruppe arbeitet im Auftrag des Vorstandes an einem Entwurf für „Führungsgrundsätze" bzw. für eine „Führungskonzeption".
- Eine Familienberatungsstelle schreibt in ihrem Prospekt, sie arbeite nach einem „familientherapeutisch-systemischen Konzept", ein Jugendring arbeitet in den von ihm betriebenen Freizeitstätten, laut seiner „pädagogischen Leitsätze", nach einem „emanzipatorischen Konzept".
- Eine Eltern-Kind-Initiative erarbeitet eine „pädagogische Konzeption" für eine Eltern-Kind-Gruppe als Grundlage für einen Zuschussantrag an das Jugendamt; ein anderes Jugendamt hat dem Kinder- und Jugendhilfe-Ausschuss (KJHA) ein „Konzept" für die Einführung einer Trennungs- und Scheidungsberatung nach §17 KJHG vorgelegt.
- Die Mitgliederversammlung eines Wohlfahrtsverbandes hat eine „Grundkonzeption" verabschiedet, die grundlegende Aussagen zum eigenen Selbstverständnis, zur Zielsetzung und Aufgabenstellung enthält; ein anderer Verband will zu denselben Themen ein „Unternehmensleitbild" erarbeiten und zwar unter breiter Beteiligung der Mitglieder und MitarbeiterInnen. Für dieses Vorhaben hat ein externer Berater ein „Konzept" vorgelegt.
- Drei leitende Mitarbeiter streiten sich darüber, ob sie für ihre Einrichtung ein „Leitbild", ein „Konzept" oder eine „Konzeption" erstellen sollen und fragen sich, was eigentlich dabei der Unterschied ist…

Begriffsbestimmung und theoretischer Rahmen

Diese Beispiele zeigen:

Es gibt im allgemeinen Sprachgebrauch keinen klar umrissenen Begriff, sondern eine Vielzahl unterschiedlicher Bedeutungen. Sie gehen

Unterschiedliche Bedeutungen

- von situationsbezogenen strategischen Überlegungen einer Einzelperson bis zur grundsätzlichen Programmatik einer Großorganisation;
- von konkreten Vorschlägen zu Einzelthemen und Teilaspekten bis zu umfassenden Gesamtprogrammen;
- von eher pragmatischen Handlungsrezepten bis zur theoretisch fundierten Handlungsorientierung;
- von eher PR-orientierten Darstellungen bereits bestehender Einrichtungen bis zum Entwurf oder Antrag für eine neue Maßnahme;
- von Verfahrensvorschlägen bis zu inhaltlichen Aussagen über Ziele und Angebote;
- von Überlegungen, die nur im Kopf existieren, bis zu Broschüren auf Hochglanzpapier…

Und außerdem werden statt der Begriffe „Konzept" oder „Konzeption" für denselben Gegenstand auch andere Bezeichnungen, wie „Leitbild" oder „Grundsätze", gewählt.

Ein Blick in das Lexikon hilft auch nur bedingt weiter:

- „Konzept" (von conceptus) ist danach ein „stichwortartiger Entwurf" eine „erste Fassung einer Rede oder Schrift". „Konzeption" (von conceptio) ein „gedanklicher Entwurf", eine „klar umrissene Grundvorstellung", ein „Leitprogramm" (Duden, Fremdwörterbuch).
- „Konzepte" und „Konzeptionen" sind folglich „Ent-würfe" d.h. geistige „Würfe" in die Zukunft hinein, gedankliche Vorwegnahmen anzustrebender zukünftiger Zustände. Sie haben insofern Gemeinsamkeiten mit einer „Vision" einerseits und einem „Plan" andererseits.

Von der „Vision" unterscheiden sie sich dadurch, dass sie

Vision

- die „visionäre" Vorstellung von einer wünschenswerten Zukunft bereits in konkrete Ziele umsetzen;
- dazu auch bereits Mittel und Wege skizzieren und handlungsleitende Werte und Normen aufstellen;
- den Charakter verbindlicher Festlegungen für die eigene Organisation beanspruchen.

Begriffsbestimmung und theoretischer Rahmen

Plan

Vom „Plan" dagegen unterscheiden sie sich dadurch

- dass sie nicht auf einen festen Zeitpunkt hin ausgerichtet oder für einen bestimmten zeitlichen Rahmen aufgestellt sind, sondern eine Darstellung der Ist-Situation in eine unbestimmte Zukunft hinein projizieren und
- dass Mittel und Wege zur Erreichung der postulierten Ziele nicht so konkret formuliert sind, dass diese unmittelbar umsetzbar wären, sondern hierzu noch der Konkretisierung in einem Plan bedürfen.

Die beiden Begriffe „Konzept" und „Konzeption" werden in der Praxis meist synonym und austauschbar benutzt, obwohl nach der obigen Definition im Duden und nach unserem Sprachgefühl das „Konzept" eher eine etwas vorläufigere und skizzenhaftere oder inhaltlich begrenztere Formulierung von neuen Vorhaben meint, während die „Konzeption" eher nach einer verbindlicheren und umfassenderen Selbstdarstellung und Programmaussage klingt. Wir verwenden daher in diesem Buch den Begriff „Konzeption" für Grundsatzdokumente bestehender Organisationen, „Konzept" dagegen für Entwürfe neuer Maßnahmen und Projekte.

Auf dem Hintergrund dieser Präzisierung sollen hier folgende, für die Praxis sozialer Arbeit besonders wichtige und verbreitete Formen konzeptioneller Überlegungen und Darstellungen behandelt werden:

1. Verbindliche Grundsatzdokumente selbständiger Träger sozialer Dienste, nämlich

Leitbild
Gesamtkonzeption

- das *Leitbild* als in letzter Zeit stark in Mode gekommene Kurzfassung;
- die umfassende *Gesamtkonzeption* auch *„Unternehmens-"* oder *„Verbandspolitik"* genannt;

Führungsgrundsätze

- die *„Führungskonzeption"* oder *„Führungsgrundsätze"*,

die hier alle im weiteren Sinne „Konzeptionen" genannt werden.

2. Verbindliche, programmatische Selbstdarstellungen einzelner sozialer Einrichtungen, nämlich

Einrichtungskonzeption

- die umfassende *„Einrichtungskonzeption"*
- Teilaspekte einer solchen Konzeption, die in ihr als „Angebotspalette" oder „Maßnahmenkatalog" vorkommen, im Zuge der Einführung „Neuer Steuerungsmodelle" in der öffentlichen Verwaltung aber von den staatlichen und kommunalen Zuschussgebern zunehmend in einer ganz bestimmten Form, als sog. *„Leistungs- oder Produktbeschreibungen"* verlangt werden.

Leistungsbeschreibungen

Begriffsbestimmung und theoretischer Rahmen

3. Entwürfe für neue Maßnahmen oder Projekte

- sei es im Rahmen einer bestehenden Organisation, die dadurch ihre Tätigkeit ausweiten will,
- sei es als Vorhaben einer Initiativgruppe, die sich zu diesem Zwecke gebildet hat,

Konzepte

für die hier der Begriff „Konzept" verwandt wird.

Abb. 1: Unterschiedliche Konzept(ions)papiere

1.2 Konzeptentwicklung

„Konzeptentwicklung" nennt man den Prozess bzw. das Verfahren zur Erstellung eines Konzeptes/einer Konzeption. Im Begriff „Entwicklung" liegt dabei zugleich der zweifache Gedanke:

Erstellung eines Konzeptes

- dass die an diesem Prozess Beteiligten über die hierzu erforderlichen Ressourcen (Fähigkeiten, Ideen, Informationen) verfügen und/oder diese beschaffen bzw. „entwickeln" können;
- dass dieser Prozess zugleich dazu dienen kann, ihre Motivation zu fördern und ihre Fähigkeiten weiterzuentwickeln und damit sowohl ihrem eigenen persönlichen Wachstum, wie auch dem Fortschritt ihrer Organisation zu dienen.

Daher läßt sich der Begriff der Konzeptentwicklung immer auch mit einer doppelten Zielrichtung verbinden:

als Personalentwicklung

als Organisationsentwicklung

- einer Entwicklung der daran Beteiligten, einer Entfaltung ihrer Potenziale (Konzeptentwicklung als Personalentwicklung);
- einer Entwicklung der Organisation, einer Steigerung ihrer Effizienz und ihres öffentlichen Ansehens (Konzeptentwicklung als Organisationsentwicklung).

Ein solches Verständnis führt allerdings notwendigerweise zu der Forderung, am Prozess der Konzeptentwicklung möglichst viele oder alle davon betroffenen Mitglieder bzw. Angehörige einer Organisation zu beteiligen (siehe dazu näheres weiter unten).

1.3 Soziale Organisationen

Konzepte und Konzeptentwicklungsprozesse werden hier in ihrer Bedeutung *für* und ihren Anwendungsmöglichkeiten *auf* soziale Organisationen behandelt.

Soziale oder Wohlfahrtsorganisationen (wie Jugend- und Wohlfahrtsverbände, Sozial- und Jugendämter, gemeinnützige Vereine und Stiftungen, Initiativ- und Selbsthilfegruppen) sowie die von ihnen betriebenen Einrichtungen (wie Kliniken und Heime, Bildungs-, Beratungs- und Betreuungseinrichtungen) lassen sich am treffendsten als sozialwirtschaftliche Unternehmen bzw. als nicht profitorientierte Dienstleistungsunternehmen bezeichnen. (Die Bezeichnungen „soziale Organisationen" und „Wohlfahrtsorganisationen", „soziale" oder „sozialwirtschaftliche Unternehmen", werden daher hier synonym gebraucht).

Soziale Organisationen als Non-Profit-Organisationen
(siehe Schwarz P. 1992)

Merkmale von sozialen Organisationen

Soziale oder Wohlfahrtsorganisationen sind eine spezifische Untergruppe von sogenannten „Non-Profit-Organisationen" (neben Interessenverbänden, Sport- und Freizeitvereinen, Kirchen und politischen Parteien, öffentlichen Verwaltungen und Betrieben außerhalb der Sozialverwaltung). Als solche unterscheiden sie sich wesentlich von profitorientierten Wirtschaftsunternehmen:

Öffentlicher Bedarf

- Sie haben nicht oder zumindest nicht vorrangig den Zweck, Gewinn zu erwirtschaften, sondern einen *öffentlichen* und das heißt *politisch* definierten Bedarf zu decken, der sich aus sozialen Defiziten, Disparitäten und Problemlagen ableitet, und damit einen *gesellschaftlichen Versorgungsauftrag* zu erfüllen.

Begriffsbestimmung und theoretischer Rahmen

- ❏ Ihre „Kunden" (bzw. „Klienten", „Nutzer" oder „Adressaten" – oder wie immer man sie nennen will) gehören daher in der Regel auch nicht zu den zahlungskräftigen, sondern eher zu den benachteiligten Mitgliedern und Gruppen unserer Gesellschaft.   *Benachteiligte als „Kunden"*
- ❏ Ihre Tätigkeit wird daher nicht aus dem Verkauf ihrer Produkte oder Dienstleistungen, sondern überwiegend aus öffentlichen Mitteln finanziert.   *Öffentliche Finanzierung*
- ❏ Die Steuerung ihrer Tätigkeit kann sich daher auch nicht nach den wertfreien Gesetzen des Marktes richten, nach denen vom Verpackungsmaterial über Pornos bis Waffen alles produziert wird, was Gewinn verspricht, sondern muss nach normativen Vorgaben erfolgen, die von der Politik beschlossen werden und sich am Wohle ihrer Adressaten und dem Gemeinwohl auszurichten haben.   *Steuerung aufgrund öffentlicher Vorgaben*
- ❏ Die Effektivität und damit der Erfolg ihrer Tätigkeit kann daher auch nicht nur unternehmensbezogen gemessen und an einem Gewinn abgelesen werden, sondern muss im Hinblick auf ihre Wirkung bei den Adressaten und ihre gesamtgesellschaftlichen Auswirkungen beurteilt werden.   *Erfolgsmaßstab Wirkung auf Adressaten*

Eine solche Wirkungsanalyse kann sich aber nur in sehr begrenztem Umfang auf messbare, in Zahlen ausdrückbare Daten stützen, weshalb eine aussagekräftige Erfolgskontrolle ihrer Tätigkeit sich vornehmlich auf qualitative Verfahren stützen muss, deren Aussagen allerdings zwangsläufig weniger „hart" und eindeutig sein können.
(s. dazu genaueres im Exkurs auf S. 23 f.)

Profit- und Non-Profit-Organisationen		
Kriterien	**Profit-Organisationen**	**Non-Profit-Organisationen**
Zweck	Gewinnerzielung	Deckung öffentl. Bedarfs Erfüllung eines gesellschaftl. Versorgungsauftrags
Kunden	Meist zahlungskräftig	i.d.R. sozial benachteiligt
Finanzierung	Verkauf	Öffentliche Mittel
Steuerung	Über den Markt	Durch politische Vorgaben
Kontrollmaßstäbe	Umsatz und Gewinn	Wirkung auf Adressaten

Abb. 2: Profit- und Non-Profit-Organiationen

Um- und Abbau des Sozialstaats

Diese in den west- und nordeuropäischen Sozialstaaten historisch gewachsenen Unterscheidungskriterien sind allerdings dabei, sich in Folge der globalisierungsbedingten „Krise des Sozialstaats" und des darauf erfolgten Umbaus und partiellen Abbaus dieses Sozialstaats, immer mehr zu verwischen. In zunehmendem Maße greifen auch im Bereich der sozialen Dienste Marktgesetze und marktwirtschaftliche Prinzipien Platz, indem immer mehr rein private, gewinnorientierte Unternehmen ihre Dienste anbieten und in die öffentliche Förderung einbezogen werden und auch bei den großen, gemeinnützigen Trägern unter dem Konkurrenzdruck der Privaten und im Zuge staatlicher und kommunaler Mittelkürzung und Budgetierung zunehmend ein verkürztes, rein ökonomisches Kosten-Nutzen-Denken Einzug hält.

Marktorientierung auf EU-Ebene

Diese Entwicklung zu einer stärkeren Marktorientierung sozialer Dienste wird sich im Zuge der weiteren EU-Integration und Harmonisierung in nächster Zeit eher noch verstärken und in allen EU-Staaten durchsetzen, sodass wir uns gar nicht davon abkoppeln können. Und sie hat ja auch unbestreitbare Vorteile, indem sie die großen, etablierten Verbände auch einer verstärkten Konkurrenz mit kleineren, innovativen gemeinnützigen Initiativen aussetzt und bei allen Anbietern das Bewusstsein dafür schärft, dass sowohl ihre Klienten als auch ihre öffentlichen Zuschussgeber ihre „Kunden" sind, denen gegenüber sie die Qualität und den Erfolg ihrer Leistungen nachweisen und legitimieren müssen.

Nutzen für Kunden als oberstes Erfolgskriterium?

Die zentrale Frage wird dabei aber sein, ob sie das entscheidende Kriterium für „Erfolg" im tatsächlichen Nutzen für ihre Leistungsempfänger sehen, oder eher in möglichst hohen Fallzahlen, d.h. in einem möglichst großen, quantitativen „out-put" im Sinne eines verkürzten, rein ökonomischen Effizienzbegriffs.

Von zwei sich gegenseitig bedingenden Faktorenbündeln wird es abhängen, ob sich die erste Sichtweise auf Dauer durchsetzen kann:

- Ob zum einen die Leiter/innen und Mitarbeiter/innen sozialer Einrichtungen die ethische Grundhaltung und die fachliche und strategische Kompetenz mitbringen, um ihr Handeln vorrangig am Wohle ihrer Klienten und erst in zweiter Linie, soweit es für die Existenz ihrer Einrichtung notwendig ist, an wirtschaftlichen Effizienzgesichtspunkten zu orientieren und
- ob zum anderen die zuständigen staatlichen und kommunalen Instanzen die dafür erforderlichen Rahmenbedingungen schaffen, indem sie die einschlägigen Rechtsnormen und deren Auslegung sowie eine entsprechende Förderpolitik und Mittelvergabe und eine konsequente Ausübung ihrer Kontrollfunktion (insbes. im Rahmen der Heimaufsicht!) ebenfalls eindeutig am Wohle der Betroffenen ausrichten.

Dann – und nur dann! – wenn öffentliche Hand und freie Träger in dieser Richtung an einem Strang ziehen, werden die Vorteile einer stärkeren Marktorientierung ohne ihre Nachteile zum tragen kommen können, indem auf dem „Sozialmarkt" Qualitätskonkurrenz statt Preiskonkurrenz herrscht. Und nur dann wird der Unterschied zwischen reinen Wirtschaftsunternehmen, für welche das Wohl und der Nutzen ihrer Kunden nur eine abhängige Variable der Gewinnmaximierung sein kann, und gemeinnützigen Wohlfahrtsunternehmen, für die dieses Wohl oberste Handlungsmaxime und maßgebliches Gütekriterium sein muss, noch von Bedeutung sein.

Qualitäts- oder Preiskonkurrenz?

Soziale Organisationen als Dienstleistungsunternehmen

Als Dienstleistungsunternehmen bieten soziale Organisationen keine fertigen Produkte, sondern eben „Dienstleistungen" an, die dadurch charakterisiert sind, dass

Merkmale von Dienstleistungen

- sie nicht auf Vorrat hergestellt und nur in sehr begrenztem Maße standardisiert werden können;
- Herstellung und Lieferung in einem Vorgang zusammenfallen, einen einheitlichen Prozess bilden;
- die Kunden oder Verbraucher zur Abnahme der Leistung in engen Kontakt mit der leistungserbringenden Organisation treten, (die sie „aufsuchen" bzw. „besuchen" müssen, in die sie „aufgenommen" oder „eingewiesen" werden);
- die Kommunikation zwischen „Erzeuger" und „Verbraucher" i.d.R. einen wichtigen Teil der Leistung ausmacht.

Bei allen pädagogischen, gesundheitlichen und sozialen Dienstleistungen spielt gerade dieser kommunikative Aspekt eine herausragende Rolle und wird z. T., wie in der Beratung und Therapie, sogar zum zentralen Inhalt, zum konstitutiven Merkmal. Die Qualität solcher Leistungen hängt daher entscheidend von der Interaktion zwischen „Hersteller" und „Verbraucher", „Lieferanten" und „Abnehmer" und d.h. einerseits vom Einfühlungsvermögen, den kommunikativen Fähigkeiten und dem persönlichen Engagement der ersteren, andererseits von der Mitwirkung der letzteren ab, die damit zu „Mitproduzenten" der von ihnen nachgefragten oder ihnen verordneten Leistungen (genannt „Erziehung", „Beratung" oder „Behandlung") werden. Da die Güte einer Interaktion und die Intensität einer Mitwirkung aber schwer zu messende Variablen sind, stößt eine präzise Überprüfung der Qualität sozialer Dienstleistungen auf erheblich größere Schwierigkeiten, als die Qualitätskontrolle industrieller Produkte (s. dazu näheres beim Exkurs auf S. 23 f.).

Kommunikativer Aspekt

Das heute in der Reformdiskussion des öffentlichen Dienstes so beliebte Schlagwort von der „Produktorientierung" öffentlicher Dienstleistungen ist daher eher deplatziert und irreführend, vor allem für den Bereich der Sozialverwaltung. Es legt eine Sichtweise nahe, wonach eine soziale Dienstleistung

„Produktorientierung"?

etwas sei, was man serienmäßig produzieren und technisch „herstellen" könne und nicht ein handelndes Sich – Einlassen auf offene, immer wieder neue zwischenmenschliche Situationen, die *Mit*gestaltung von nicht einseitig steuerbaren Interaktionen (für die Unterscheidung von „Herstellen" und „Handeln" siehe *Arendt* 1960: 124 ff).

Gewerbliche und Dienstleistungsunternehmen		
Kriterien	**gewerbliche Unternehmen**	**Dienstleistungsunternehmen**
sie erzeugen:	Produkte	Dienstleistungen
→ welche	voll standardisierbar	nur partiell standardisierbar
→ bei denen Herstellung und Lieferung	getrennte Vorgänge	in einem Vorgang
Kontakt der Kunden zur Erzeugerorganisation	lose bis nicht vorhanden	eng
Kommunikation Erzeuger – Verbraucher	sekundär bis irrelevant	wesentlich
Qualitätskontrolle	anhand exakter messbarer Gütekriterien möglich	nur anhand einer Kombination quantitativer und qualitativer Kriterien möglich

Abb. 3: Gewerbliche und Dienstleistungsunternehmen

Dahinter steht ein Verständnis von sozialer Arbeit als „social engineering", als „programmiertes Lernen", wonach durch gezielte „Inputs" exakt kontrollierbare „Outputs" ausgelöst werden können und sollen, ein Verständnis das sich theoretisch auf eine völlig überholte, inhumane Lernpsychologie à la *Skinner* stützt, während eine dem heutigen Wissens- und Diskussionsstand entsprechende interaktionistische und systemische Sichtweise jede Arbeit mit Menschen nicht mehr anders begreifen kann, denn als Anstoßen, Fördern und Begleiten selbstorganisierender Prozesse (s. dazu S. 25 ff).

Mit diesem Argument soll keineswegs die Forderung nach einer Qualitäts- und Erfolgskontrolle sozialer Arbeit abgewehrt, sondern nur begründet werden, dass hierzu eigene, dieser Arbeit angemessene Kriterien und Verfahren entwickelt werden müssen und dass die Begriffe „Produkt" und „Produktorientierung" dabei eher verwirren, als klären…

Begriffsbestimmung und theoretischer Rahmen

Exkurs: Zur Qualitäts- und Erfolgskontrolle sozialer Dienstleistungen

Zur Überprüfung der Qualität sozialer Dienstleistungen werden üblicherweise drei verschiedene Dimensionen von Qualität herangezogen:

- Die *Strukturqualität*, die sich auf die notwendigen *Rahmenbedingungen* der Dienstleistung (wie rechtliche Grundlagen, Personal- und Organisationsstruktur der Einrichtung, finanzielle Ressourcen, räumliche Ausstattung, Geräte und Materialien etc.) bezieht — *Strukturqualität*
- Die *Prozessqualität*, die sich auf die *Durchführung* der Dienstleistung selbst, d.h. auf die persönliche Art und Weise bezieht, in der sie erbracht wird — *Prozessqualität*
- Die *Ergebnisqualität*, die sich auf die *Wirkung* der Dienstleistung bezieht, d.h. auf ihren *Erfolg*, gemessen an den Zielen, die bei ihren Adressaten erreicht werden sollen (wie Heilung oder Minderung eines Leidens, Erreichung eines beruflichen Abschlusses oder eines Arbeitsplatzes, Resozialisierung oder Entwicklung bestimmter sozialer Kompetenzen, wie Kooperations- und Konfliktfähigkeit u.s.w.) — *Ergebnisqualität*

Die Hauptschwierigkeit bei der Qualitätskontrolle sozialer Dienstleistungen liegt nun aber darin, dass zwar die Struktur- und Prozessqualität und damit die Leistungserbringung selbst, der sog. „output", relativ zuverlässig und genau überprüft werden kann, während das Ergebnis, das damit erreicht werden soll, und damit die Wirkung aus die Adressaten, der sog. „outcome", viel schwerer genau zu erfassen und zu beurteilen ist, denn: — *Output und Outcome*

- Struktur- und Prozessqualität lassen sich – zumindest teilweise – an konkreten, relativ genau definierbaren Merkmalen ablesen; so z.B. die Strukturqualität am Zahlenverhältnis von Betreuern und Betreuten oder an der Einrichtung und der Ungestörtheit eines Beratungsraumes, oder die Prozessqualität z.B. an der formalen Qualifikation der Pflegekräfte und an der Zeit, die sie ihren Pfleglingen für persönliche Gespräche zur Verfügung stehen.
  Darüber hinaus lassen sich solche Merkmale in Form von *Qualitätsstandards* festschreiben, die möglichst dem fachlich-wissenschaftlich abgesicherten Stand, dem sog. „state of arts" eines jeweiligen Dienstleistungsbereich entsprechen und damit im Falle ihrer Einhaltung eine überprüfbare Qualitätsgarantie darstellen. — *Qualitätsstandards*
  Und schließlich lassen sich manche Merkmale auch über sog. „Kennzahlen" numerisch ausdrücken und damit messen (wie z.B. Öffnungszeiten, Personalschlüssel, Fallzahlen oder finanzieller Aufwand pro betreuter Person) Zahlen, die zwar keine direkten Belege, aber wichtige Hinweise – sog. *Indikatoren* – für die Qualität einer Dienstleistung darstellen. Einige Qualitätsmerkmale, wie die für den Erfolg sozialer Dienste so wichtigen Schlüsselqualifikationen der Fachkräfte, wie Einfühlungsvermögen, Geduld und Wertschätzung, entziehen sich dabei allerdings einer exakten Messung. — *Kennzahlen als Indikatoren*

Begriffsbestimmung und theoretischer Rahmen

Eindeutige Aussagen über Ergebnisqualität?

☐ Über die Ergebnisqualität sozialer Dienste selbst lassen sich nur schwer eindeutige und zuverlässige Aussagen machen. Zwar lässt sich die Erreichung der meisten aufgestellten Ziele, wie z. B. „Ausbildung abgeschlossen", „Arbeit gefunden", „Rückfall vermieden" (innerhalb einer bestimmten Zeit) – im Unterschied zu persönlichkeitsbezogenen Lernzielen (wie Frustrationstoleranz und Aggressionskontrolle) – relativ genau überprüfen und für die Gesamtleistung einer Einrichtung quantifizieren. Allerdings bleibt dabei unbeantwortet, ob und wenn ja, in welchem Ausmaß diese Ergebnisse auf die konkrete Arbeit der Einrichtung zurückzuführen ist, denn
– zum einen hängt ein Erfolg mindestens so sehr von der Mitwirkung der Klienten selbst wie von der Kompetenz und dem Engagement der Betreuer und deren Rahmenbedingengen ab und
– zum anderen spielen weitere Einflüsse aus dem sozialen Umfeld mit hinein, die nicht oder nur in künstlichen Experimenten für eine Untersuchung isoliert werden können.

Woran liegt es z. B., wenn ein jugendlicher Straftäter nicht mehr rückfällig wird: an seinem engagierten Bewährungshelfer, an einem verständnisvollen Arbeitgeber, der ihn einstellt, an seiner neuen Freundin, die zu ihm hält, oder an ihm selbst? Oder gar an allen vieren – und wenn ja, in welchem messbaren Verhältnis zueinander?

Struktur- und Prozessqualität als Indikatoren für Ergebnisqualität

Immerhin aber sind die für die Struktur- und Prozessqualität einer Dienstleistung aufgestellten Qualitätsstandards wichtige Indikatoren für ihre Ergebnisqualität. Das heißt konkret, dass eine Einrichtung, die regelmäßig und nachweislich die Einhaltung dieser Standards überprüft und deren Adressaten die gesetzten Ziele in überdurchschnittlicher Zahl erreichen, für sich die gut begründete Wahrscheinlichkeitsaussage treffen kann, dass diese Erfolge zumindest auch, wenn nicht sogar überwiegend auf ihre Bemühungen zurückzuführen sind, und dass sie daher eine überdurchschnittliche Ergebnisqualität nachweisen kann. Und eine solche Aussage lässt sich durch zusätzliche Argumente untermauern, die aus begleitenden Erhebungen, wie Beobachtungsprotokollen, Fallanalysen, Kundenbefragungen und internen Auswertungsgesprächen, gewonnen wurden. Die Gewinnung solcher Erkenntnisse findet am einfachsten und Erfolg versprechendsten auf dem Wege der *Selbstevaluation* im Rahmen eines eingeführten Qualitätsmanagementsystems statt.

Selbstevaluation

Begriffsbestimmung und theoretischer Rahmen

Das rein technische Instrumentarium der ISO, das in der Wirtschaft meist verwendet wird, ist dafür allerdings wenig geeignet. Für das konkrete Vorgehen bietet sich vielmehr der folgende methodische Dreischritt an:

Methodischer Dreischritt

- Ableitung von Qualitätsstandards aus der Analyse der für die Dienstleistung zentralen Arbeitsprozessen (sog. „Schlüsselprozesse")
- Erhebung von auswertungsrelevanten Daten anhand von stichprobenartigen Überprüfungen der Einhaltung dieser Qualitätsstandards, Sichtung von Dokumentationen aus der alltäglichen Arbeit, wie Sitzungsprotokolle, Berichte etc., evtl. ergänzt durch exemplarische Fallanalysen und schriftliche oder mündliche Kundenbefragungen
- Jährliche Durchführung moderierter Auswertungsgespräche der beteiligten Mitarbeiter/innen, vorstrukturiert anhand eines vorab erstellten Gesprächsleitfadens. (Besonders ertragreich kann dabei die Teilnahme von Kund/innen bzw. falls vorhanden von deren Sprecher/innen sein!)

Auf diesem Weg dürfte sowohl eine optimale Sicherung und Weiterentwicklung der eigenen Arbeitsqualität wie auch ihre Legitimation gegenüber Zuschussgebern, potenziellen Kund/innen und der Öffentlichkeit zu erreichen sein.

Zum Management sozialwirtschaftlicher Unternehmen

Konzepte, Leitbilder und Konzeptionen sind wesentliche Steuerungsinstrumente sozialer Unternehmen. Ihre Entwicklung und Umsetzung stellt daher eine zentrale Managementaufgabe dar. Gleichzeitig wird aus den vorhergehenden beiden Punkten deutlich, dass ein effektives Management in sozialen Unternehmen teilweise ganz andere Anforderungen stellt, als in privatwirtschaftlichen Unternehmungen.

Andere Anforderungen als in der Privatwirtschaft

- Das Hauptziel ist nicht, wie bei letzteren mit der Maximierung von Gewinn bereits eindeutig vorgegeben, sondern muss in mühsamen, oft kontroversen Diskussionen aus meist unscharfen und mehrdeutigen Wert- und Richtungsaussagen (wie „menschenwürdiges Dasein", „eigenverantwortliche und gemeinschaftsfähige Persönlichkeit", „Wohl des Kindes", „soziale Gerechtigkeit" etc.) erst noch abgeleitet werden.

Unscharfe Ziele

- Bei der Ableitung dieser Ziele und bei der Planung und Durchführung von Maßnahmen müssen dabei unterschiedliche und z.T. gegensätzliche Ansprüche (wie die, verschiedener öffentlicher Zuschussgeber, eigener Mitglieder und deren mehr oder minder demokratisch legitimierter Gremien, der Benutzer von Einrichtungen bzw. Abnehmer von Leistungen, der Steuerzahler und einer allgemeinen politischen Öffentlichkeit) berücksichtigt und ausbalanciert werden.

Gegensätzliche Ansprüche

- Die Sicherung und Weiterentwicklung der Qualität ihrer Dienstleistungen und deren Legitimation bedarf ihrer laufenden Überprüfung und Bewertung im Rahmen eigener Qualitätsmanagement-Verfahren, die sich von denen der Wirtschaft unterscheiden.

Eigene Qualitätssicherungsverfahren

Diese Situation bedeutet Chance und Gefahr zugleich.

Gefahren Es bedeutet die Gefahr:

- dass Ziele ohne praktische Relevanz für die konkreten Maßnahmen bzw. Leistungen gegenüber Kunden oder „Klienten" bleiben und lediglich eine Legitimations- oder Alibifunktion für Zuschussgeber, Mitglieder und Öffentlichkeit erfüllen, und Leistungen daher primär aus Prestige- und Machtgründen angeboten werden;
- dass sich rein bürokratische Aufbau- und Ablauforganisationen entwickeln, die sich gegenüber Ansprüchen und Anforderungen der Umwelt abschotten und Leistungen nur noch vorschrifts- und routinemäßig erbringen;
- dass Bedürfnisse von Abnehmern dadurch ignoriert und übergangen werden und
- dass öffentliche Gelder nicht bedarfsgerecht verteilt und unwirksam verschwendet werden;
- dass bürokratische Routine und die Dauer und Trägheit interner Willensbildung – und Entscheidungsprozesse notwendige Anpassungen an neue Entwicklungen in der Umwelt sowie neue Prioritätensetzungen verhindern
- und dass dadurch ein effizientes, auf einer ziel- und ergebnisorientierten Planung und Erfolgskontrolle basierendes Management unmöglich gemacht wird (siehe auch Schwarz G. 2001: 76 ff).

Chancen Es bedeutet aber auch die Chance:

- dass in einem öffentlichen, demokratischen Diskurs, unter Einbeziehung von Betroffenen, Bedürfnisse festgestellt werden, die durch gewinnorientierte Unternehmen gar keine oder keine angemessene Berücksichtigung finden, sowie Mittel und Wege zu ihrer Befriedigung beschlossen und bereitgestellt werden;
- dass diese Mittel und Wege so konzipiert werden, dass die Abnehmer Form und Inhalt der Leistungen soweit wie möglich mitgestalten und dadurch an ihre realen Bedürfnisse anpassen können und dass damit der tatsächliche Nutzen für sie (statt bloßer Profit- oder Machtinteressen) zu einem entscheidenden Erfolgskriterium wird;
- dass Organisationsstrukturen und -abläufe so flexibel, dezentral und partizipativ gestaltet werden können, dass die leistungserbringenden MitarbeiterInnen motiviert und befähigt werden, ihre kommunikativen Aufgaben den Abnehmern gegenüber bestmöglich zu erfüllen
- und dass dadurch ein effizientes Management möglich wird, das sich auf brauchbare, im Dialog mit Betroffenen, Zuschussgebern, Wissenschaftlern und eigenen Mitarbeitern erarbeitete, stets reversible Qualitätsstandards und Erfolgskriterien stützt, und die Tätigkeit der Organisation daran überprüfen kann.

Begriffsbestimmung und theoretischer Rahmen

Eigenständiges Profil sozialer Unternehmen

Ein solches, partizipatives und effizientes, am wirksamen Einsatz knapper öffentlicher Mittel und an der regulativen Idee des sozialen Ausgleichs orientiertes Konzept von Sozialwirtschaft entspricht dem Leitbild unseres Grundgesetzes.

Eine humane Gesellschaft braucht das Neben- und Gegeneinander von Profit- und Sozialwirtschaft, von wertfreiem Markt und einer wertorientierten Politik, die diesem Markt gemeinwohlbezogene Rahmenbedingungen und Grenzen setzt. Und sie braucht dazu soziale Unternehmen, die sich der Privatwirtschaft und den dort entwickelten Strategien gegenüber weder abschotten, noch sie blind und undifferenziert übernehmen, sondern in der Auseinandersetzung mit ihr das eigene Profil schärfen und wirksam umsetzen.

In den letzten Jahren wurden daher über die Einführung neuer, stärker ziel- und ergebnisorientierter Steuerungsformen sowie entsprechender Qualitätssicherungsinstrumente in sozialen Unternehmen und bei deren öffentlichen Zuschussgebern viele, z.T. recht erfolgreiche Versuche in diese Richtung unternommen – Versuche, die aber auf dem Hintergrund eines massiven, primär die Schwächsten und Bedürftigsten treffenden Abbaus sozialer Leistungen und gemeinwohlbezogener staatlichen Steuerungsformen drohen, sich in ihr Gegenteil zu verkehren, indem sie zu einer erheblichen Minderung der Qualität dieser Dienstleistungen und zu einer Verschärfung sozialer Ungleichheit führen.

Soziale Organisationen als soziale Systeme

„Organisationen" sind zweckgerichtete, menschliche Zusammenschlüsse, deren Tätigkeiten und Produkte das Ergebnis eines komplizierten Wechselspiels zwischen ihren Mitgliedern[1] und zwischen sich und anderen Organisationen darstellen, und die daher als „soziale Systeme" zu begreifen sind (*Graf* 1996).

---

[1] Organisationssoziologisch sind alle Angehörigen einer Organisation bzw. alle Personen, die in ihr eine Funktion erfüllen, Mitglieder dieser Organisation. Das führt bei Organisationen, die rechtlich Vereine bilden und damit auf Mitgliederbasis aufgebaut sind und zugleich MitarbeiterInnen beschäftigen, zu sprachlichen Mißverständnissen. Hier wird daher als Oberbegriff in Zukunft die Bezeichnung „Organisationsangehörige" verwandt.

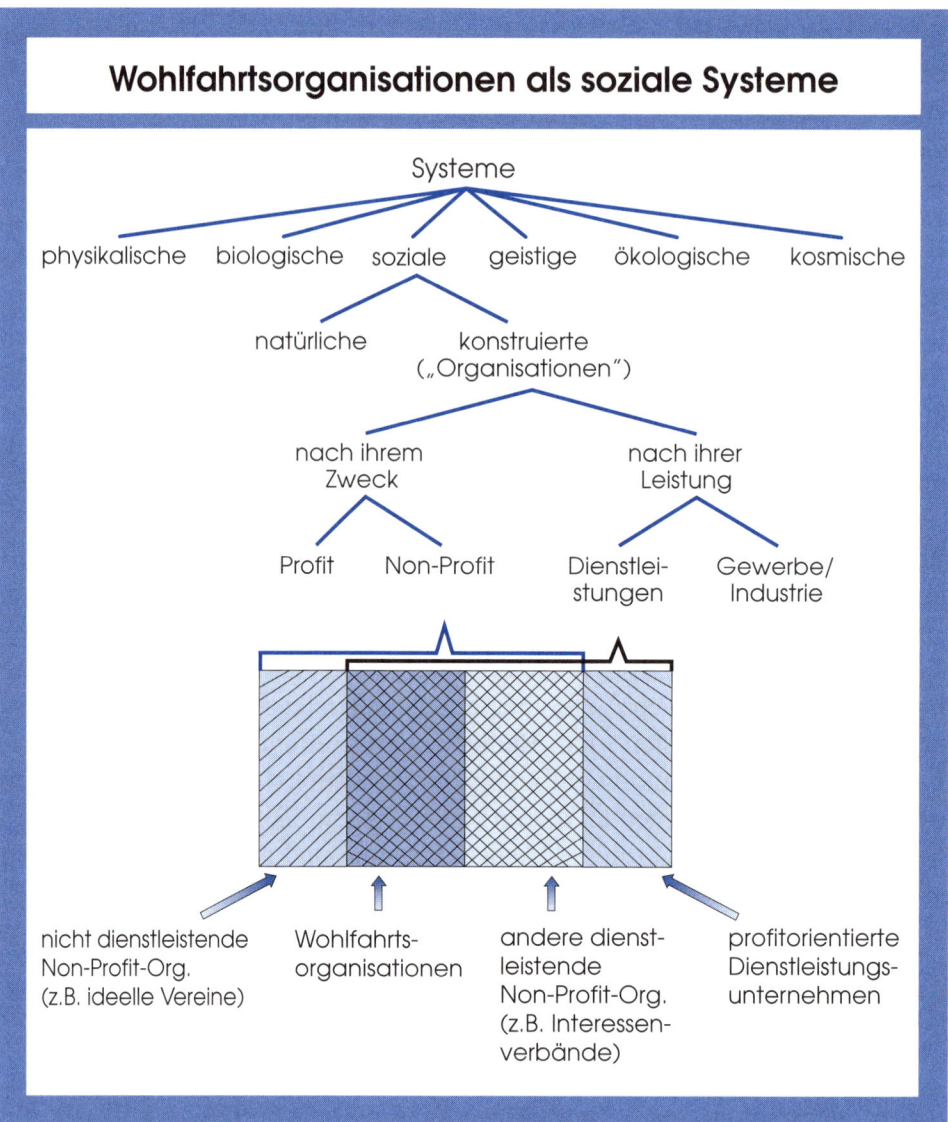

Abb. 4: Wohlfahrtsorganisationen als soziale Systeme

Allgemeine Systemtheorie

Auf dem Hintergrund einer „allgemeinen Systemtheorie" (*Bertalanffy* 1972, *Jantsch* 1981) können sie dabei als Bestandteile einer Gesamtwirklichkeit angesehen werden, die uns als vernetztes Zusammenspiel verschiedener „Systeme" unterschiedlicher Reichweite und Komplexität sowie Freiheit ihrer Elemente erscheint – von den Atomen und den Zellen, über die verschiedenen Lebewesen und ihre Gesellungsformen, bis zu ökologischen, geistigen und kosmischen Zusammenhängen.

Bestimmungsmerkmale lebender Systeme

In diesem dynamischen Gesamtgefüge umfassen jeweils die Systeme einer höheren, komplexeren Stufe die Merkmale der niederen mit, wodurch es möglich ist, auch auf „Organisationen", als von uns selbst geschaffene Systeme zweiter Ordnung, die wesentlichen Bestimmungsmerkmale lebender Systeme anzuwenden (*Häfele* 1990: 74 ff):

- Sie konstituieren und definieren sich in Unterscheidung und Abgrenzung zu einer Umwelt, die ihrerseits von Systemen gebildet wird und mit der sie zugleich in einem ständigen Austausch von Materie, Energie und Information stehen; einer Umwelt, die auf sie einwirkt und auf die sie ihrerseits einwirken, an die sie sich anpassen müssen um zu überleben, die sie aber zugleich zumindest teilweise an sich selbst und ihre eigenen Bedürfnisse anpassen können. *Grenzen nach außen*

- In der Auseinandersetzung und im Wechselspiel mit dieser Umwelt differenzieren sich lebende Systeme nach innen d.h. sie bilden bestimmte *Regeln* und *Strukturen* heraus (so z.B. in Organisationen bestimmte Rollen und Funktionen, Gliederungen und Hierarchien, Aufbau- und Ablauforganisationen), die ihnen einen möglichst effektiven Austausch mit der Umwelt ermöglichen sollen. Dabei stehen sie allerdings vor der schwierigen Aufgabe, Differenzierungen soweit vorzunehmen, dass sie flexibel und angemessen auf wechselnde Umweltanforderungen reagieren können, zugleich aber die eigene Komplexität nicht soweit zu steigern, dass sie unübersichtlich und instabil werden, und dadurch nicht mehr vernünftig zu steuern sind. *Differenzierung nach innen*

- Sie verfügen hierzu über die Möglichkeit der *Selbststeuerung* und *Selbstorganisation*, d.h. über die Fähigkeit spontan aus sich heraus die Ordnungsstrukturen zu entwickeln, die ihnen ein Überleben in ihrer Umwelt und eine Weiterentwicklung sichern, m.a.W sie sind grundsätzlich in der Lage, von selbst die notwendige Balance zwischen Struktur und Prozess, Komplexität und Transparenz, Stabilität und Wandel, Chaos und Ordnung zu finden und im Sinne eines „Fließgleichgewichts" immer wieder neu herzustellen (*Bertalanffy* a.a.O., *Jantsch* a.a.O.). *Selbststeuerung und Selbstorganisation* / *Fließgleichgewicht*

- Die Selbststeuerung und Selbstorganisation von lebenden Systemen und das Zusammenspiel zwischen ihnen sind weder als lineare Ursache-Wirkungs-Ketten, noch als geschlossene kybernetische Regelkreise angemessen zu begreifen, sondern nur als zielgerichtetes „dynamisches System von Wechselwirkungen" (*Bertalanffy* 1972: 26). *Offene Kreisprozesse*

- Die Abgrenzung nach außen und die innere Strukturierung geschieht in sozialen Systemen allerdings nicht über biologische Prozesse, sondern in der zwischenmenschlichen Kommunikation und gemäß dem Sinn, den sie dabei für sich formulieren. (*Luhmann:* 1984 und *Willke:* 2000)

Systemisch-evolutionäre Sichtweise

Für das Verständnis und die Steuerung sozialer Organisationen ergibt sich aus einer solchen „systemisch-evolutionären" Sichtweise (*Bleicher:* 1991, *Königswieser/Lutz:* 1992, *Malik:* 1986):

- Organisationen sind keine Maschinen, die nach einem vorgegebenen Schema funktionieren, sondern mit Eigenleben ausgestattete, spontan reagierende und sich weiterentwickelnde Ganzheiten.
- Sie verfügen grundsätzlich aus sich selbst heraus über die Fähigkeit zum Wandel, zur Anpassung an neue Bedingungen und Herausforderungen.
- Ihre Steuerung erfolgt daher sinnvollerweise möglichst von innen heraus. Und übergeordnete, umfassendere Systeme insbesondere die öffentlichen Zuschussgeber beschränken sich am besten, im Sinne eines rechtverstandenen Subsidiaritätsprinzips, auf das Setzen förderlicher Rahmenbedingungen und die Bereitstellung erforderlicher Ressourcen.
- Die innere Steuerung der Systeme/Organisationen sollte daher unter aktiver Beteiligung aller ihrer Elemente bzw. Angehöriger erfolgen. Und Führung sollte sich vor allem als Weckung, Förderung und Koordinierung von Eigenkräften und -initiativen auf allen Ebenen verstehen.

Verstörungen

- Bei Störungen des dynamische Gleichgewichts, die von der Organisation allein, innerhalb ihrer Strukturen, nicht mehr zu bewältigen sind, sondern einer „Lösung zweiter Ordnung" bedürfen (*Watzlawick* u.a. 1979: 99 ff) wird wirksame Hilfe von außen selten in guten Ratschlägen und schon gar nicht in fertigen, schematischen Lösungen bestehen können, sondern viel eher in Anregungen oder „Verstörungen", die dazu dienen, festgefahrene Sichtweisen und Verhaltensmuster aufzulockern, um vorhandene, aber unterdrückte oder gelähmte Eigenkräfte zu reaktivieren, und damit dem System die Chance zu geben, selbst eine Neukalibrierung seiner dynamischen Kräfte zu finden (*Schlippe* 1987: 26, siehe auch *Schmid* 1987).

Ein solches systemisches Verständnis von Organisationsstrukturen und -prozessen ist auch für die Entwicklung von Konzepten bzw. Konzeptionen von entscheidender Bedeutung und daher alles andere als von geringem „Gebrauchswert" für die Praxis, wie *G. Schwarz* im ersten Band dieser Reihe meint (s. dort S. 45).

2. Die Konzeption als Instrument der globalen Steuerung von Sozialen Organisationen

Dass soziale Einrichtungen als Grundlage ihrer Arbeit eine „Konzeption" erstellen, die Auskunft gibt über ihre Ziele, Tätigkeitsbereiche und Arbeitsweisen, hat bereits einige Tradition in der sozialen Arbeit.

Während solche Selbstdarstellungen in früheren Jahren allerdings meist eher Werbe- und Rechtfertigungsschriften als handlungsleitende Programme darstellten, haben in den letzten Jahren mit der zunehmenden Einführung von Qualitätsmanagement und neuen Steuerungsformen Selbstbeschreibungen zugenommen, die auf einer gründlichen Analyse der sozialen Lage ihrer Zielgruppen und deren Bedürfnissen sowie auf klaren Zielformulierungen und daraus abgeleiteten Handlungsstrategien beruhen.

Werbeschriften oder klare Analysen und Zielformulierungen?

Denn Leitbilder, Konzeptionen und Leistungsbeschreibungen sind notwendige Bausteine eines effektiven Qualitätssicherungs- und -entwicklungssystems und die dort formulierten Ziele zwingende Voraussetzung für eine ziel- und ergebnisorientierte Steuerung.

In Großunternehmen der Privatwirtschaft sind solche ausformulierten Grundsatzdokumente unter der Bezeichnung „Unternehmensleitbild" oder „Unternehmenspolitik" schon länger üblich (*Ulrich* 1978). Indem sie normative Grundlagen und Orientierungsmarken für die Leistungen der Organisation und das Verhalten ihrer Mitglieder festlegen, stellen sie ein wesentliches Instrument grundsätzlicher, globaler Steuerung und damit ein Mittel modernen Managements dar.

2.1 Das Strukturmodell von St. Beer als systemtheoretischer Hintergrund

Die Bedeutung solcher Grundsatzdokumente für die Selbststeuerung und Selbstorganisation sozialer Unternehmen läßt sich am systemischen Strukturmodell von *St. Beer,* das er für Organisationen und insbesondere Wirtschaftsunternehmen in Analogie zum menschlichen Organismus entwickelt hat, recht anschaulich aufzeigen (*Beer* 1983: 71 ff sowie *Häfele* 1990: 102 ff):

Analogie zum menschlichen Organismus

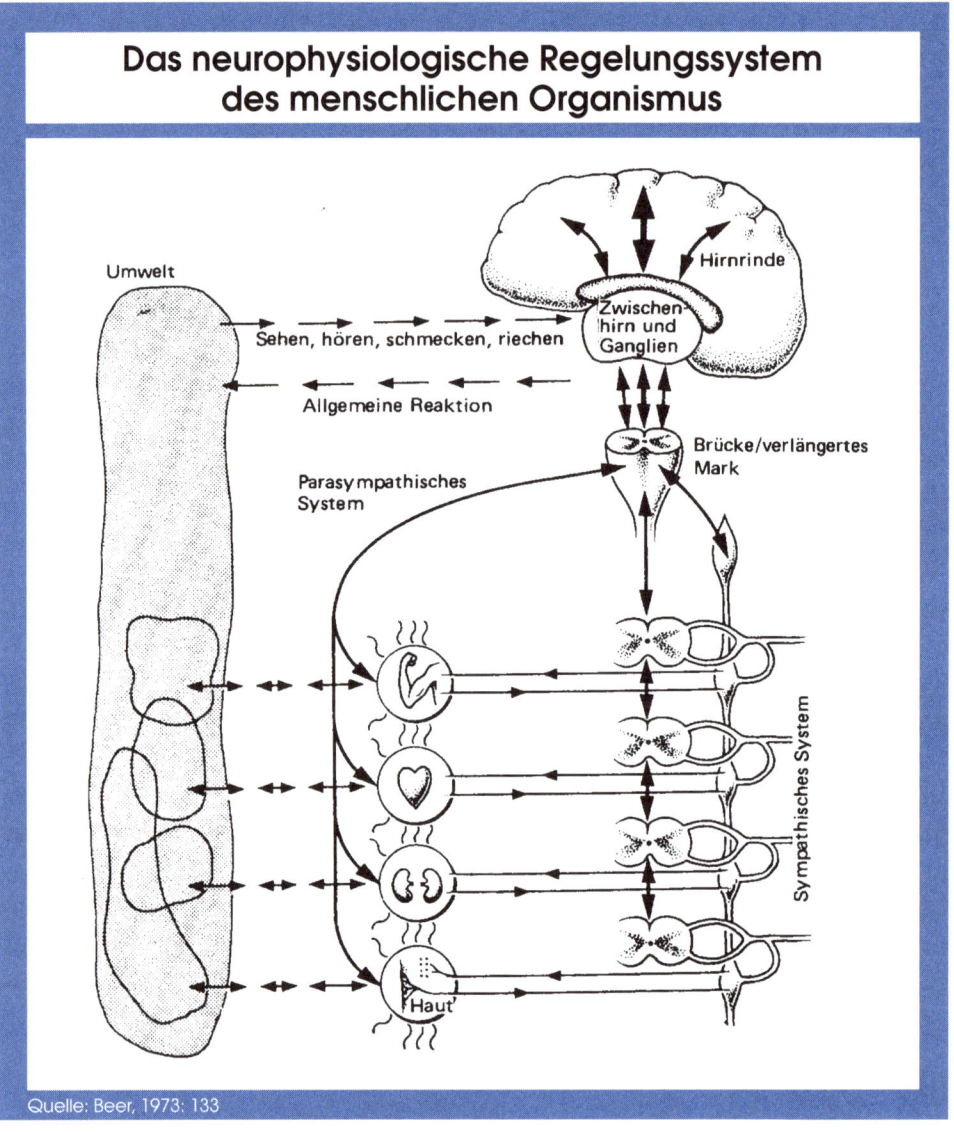

Abb. 5: Das neurophysiologische Regelungssystem des menschlichen Organismus

Autonome Subsysteme

A bis D (in Abb. 6) bilden die sog. Basiseinheiten bzw. relativ autonomen Subsysteme, „die der eigentlichen Leistungserbringung und damit der Zweckerfüllung des Systems dienen" (*Häfele* 1990: 72). Was dabei als „System" und was als „Subsystem" anzusehen und zu bezeichnen ist, hängt von der Betrachtungsebene ab: Sind beim Menschen z.B. der Bewegungsapparat, der Blutkreislauf oder das Verdauungssystem Subsysteme des Gesamtsystems „menschlicher Organismus", so ist andererseits jeder Muskel ein Subsystem des Bewegungsapparates und der Magen oder die Niere ein Subsystem des Verdauungssystems. Und so stellen bei einem Dachverband die Mitgliedsorganisationen die wesentlichen Subsysteme dar, während es bei einem einzelnen Träger die verschiedenen Einrichtungen und innerhalb einer Einrichtung selbständige Arbeitsbereiche, wie z.B. die Wohngruppen in einem Heim, sein können.

Die Konzeption als Instrument der globalen Steuerung
von Sozialen Organisationen

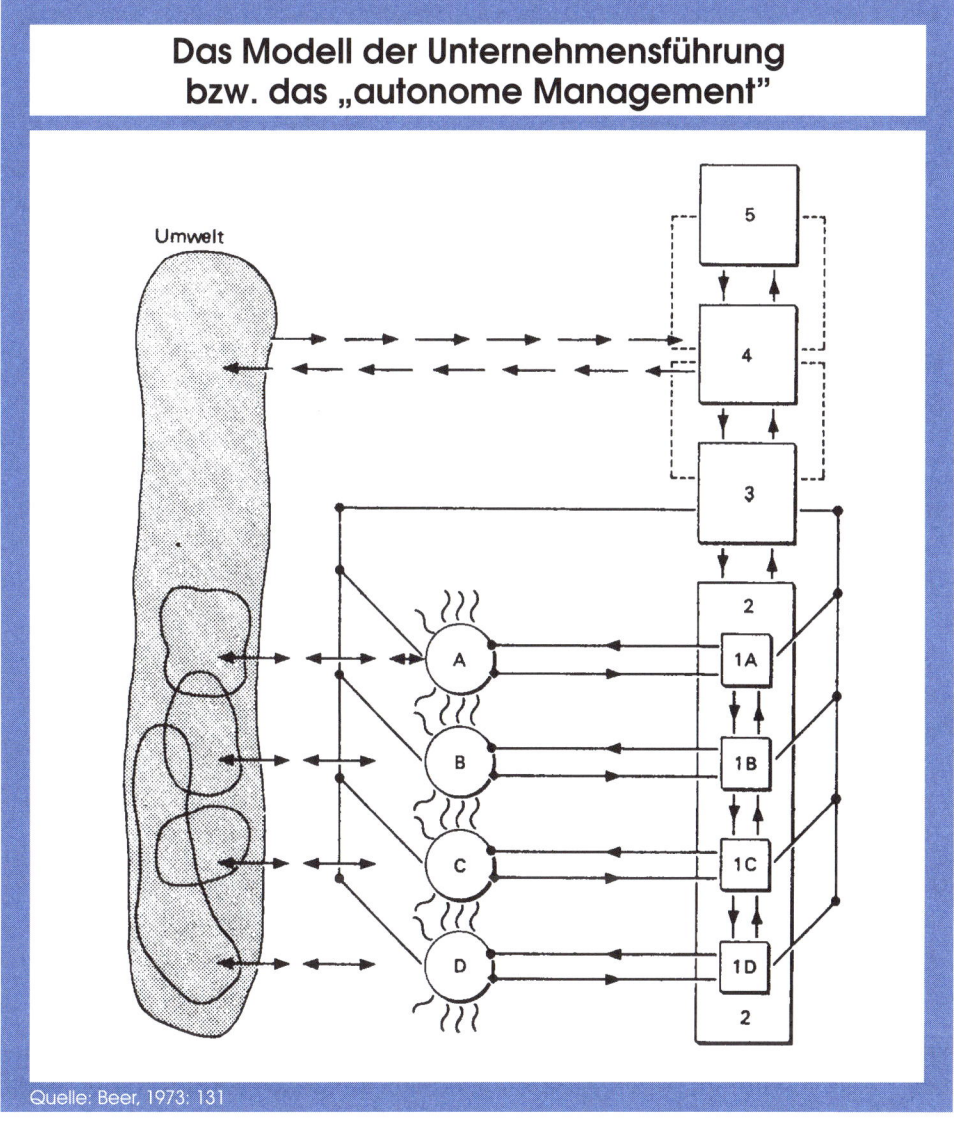

Abb. 6: Das Modell der Unternehmensführung bzw. das „autonome Management" (nach St. Beer)

Die Ziffern 1 bis 5 stellen verschiedene Steuerungssysteme auf unterschiedlichen Ebenen eines Gesamtsystems dar:

Steuerungssystem 1 ist die Selbststeuerung bzw. das „dispositive Management" der jeweiligen Subsysteme oder Basiseinheiten, d.h. die alltägliche Initiierung, Kontrolle und Korrektur ausführender Tätigkeiten.
Management der Subsysteme

Das System 2 bildet – in Analogie zum Sympatikus beim menschlichen Organismus – die von den Subsystemen freiwillig und selbständig praktizierten, in der Regel informellen, zum Teil aber auch formellen Kooperations- und Koordinationsbemühungen (wie Informationsweitergabe, Besprechungen etc.), unabhängig von einer formellen Vorgesetztenfunktion.
Informelle Koordination

Operatives Management

Das System 3 bildet – entsprechend dem Parasympatikus im menschlichen Organismus – das „operative Management" des Gesamtsystems, die Koordination und Integration der konkreten Arbeitsvollzüge der Subsysteme zu einem einheitlichen Handeln, soweit dies unter Wahrung der relativen Autonomie dieser Subsysteme für das Gesamtsystem erforderlich oder sinnvoll erscheint. In den meisten Unternehmen entspricht diese Funktion der Ebene des mittleren Managements, in sozialen Organisationen in der Regel der Geschäftsführung.

Strategisches Management

System 4 umfasst – entsprechend dem Zwischenhirn beim Menschen – das „strategische Management" d.h. die mittelfristige Planung und Entwicklung und die darauf gestützten Entscheidungen, die den konkreten Gesamtkurs des Unternehmens bestimmen. Diese Funktion ist in Wirtschaftsunternehmen auf der Ebene des Top-Managements angesiedelt, in sozialen Organisationen beim Vorstand oder einer mit selbständigen Kompetenzen ausgestatteten Geschäftsleitung.

Normatives Management

System 5 schließlich ist – wie das menschliche Gehirn – der Ort des „normativen Managements". Hier geht es um die Diskussion und Festlegung der langfristigen Grundorientierung des gesamten Unternehmens, m.a.W. darum, seine inneren Abläufe und Strukturen immer wieder neu den Anforderungen der Umwelt und ihrer Entwicklung anzupassen und seine konkrete Tätigkeit an einer langfristigen und globalen Perspektive auszurichten, d.h. „Innen" und „Außen", Gegenwart und Zukunft der Organisation aufeinander zu beziehen und damit das erforderliche Fließgleichgewicht zwischen ihr und ihrer Umwelt ständig neu herzustellen.

Diese Modellskizze schematisiert und vereinfacht natürlich die in Wirklichkeit meist viel komplexeren Zusammenhänge, bei denen Strukturen fließend ineinander übergehen, Funktionen sich teilweise überlappen und das Zusammenwirken einer großen Vielfalt von Komponenten erforderlich ist. Und sie birgt die Gefahr, organizistisch überinterpretiert zu werden, in die Richtung, dass die Organisationsangehörigen sich vorbehaltlos dem Ganzen unterzuordnen hätten. Benutzt man sie jedoch lediglich als Analogie, bietet sie einen hilfreichen Grundriss für den Aufbau effizienter Organisationen.

Das Modell ist fast identisch mit dem von *P. Schwarz* für Non-Profit-Organisationen entwickelten Zielsetzungs-, Planungs- und Kontrollsystem mit den Stufen: Grundsatzplanung – strategische Planung – operative Planung – dispositive Planung – Realisation (*Schwarz P.* 1992: 354).

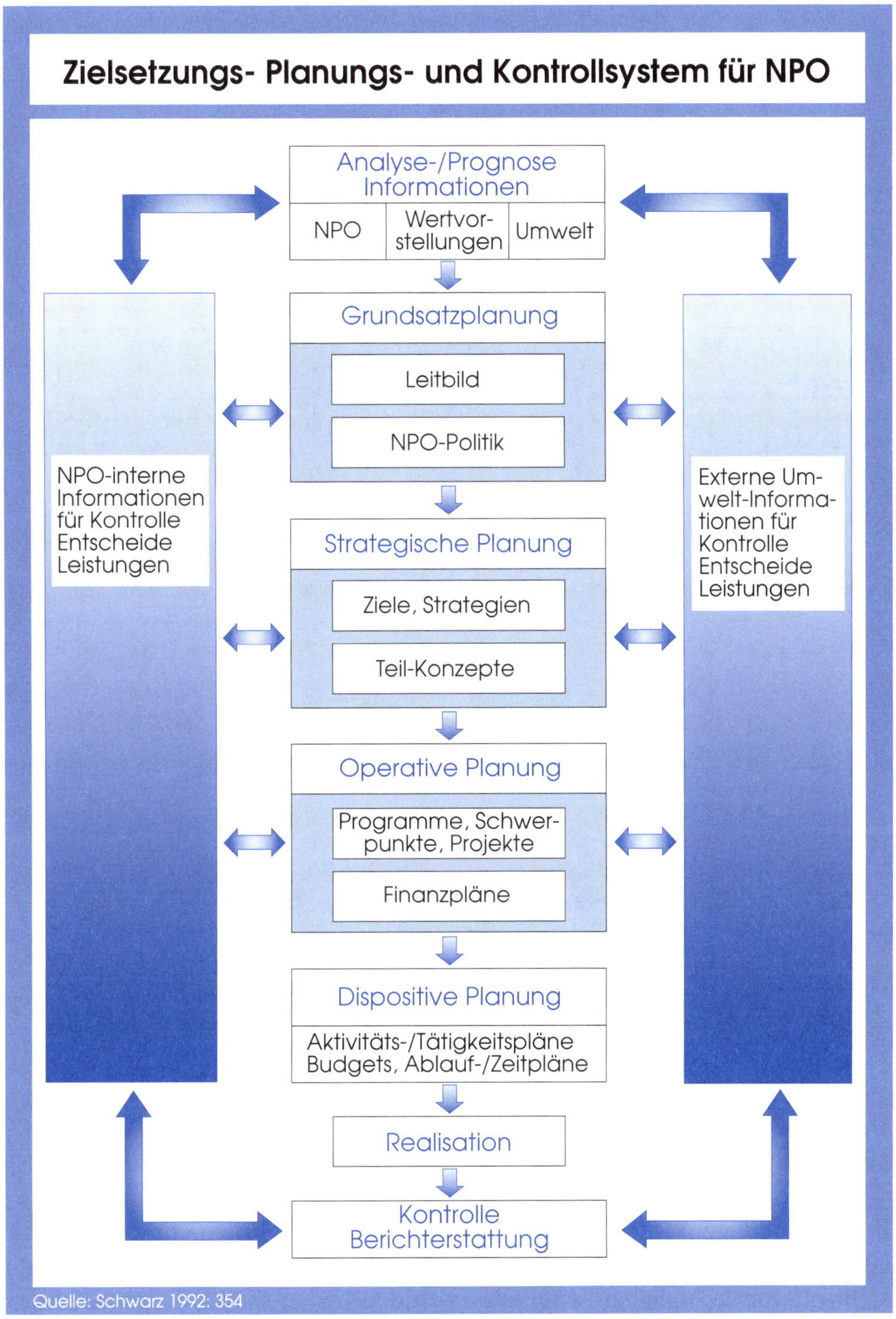

Die Konzeption als Instrument der globalen Steuerung
von Sozialen Organisationen

Abb. 7: Zielsetzungs- Planungs- und Kontrollsystem für NPO

Und es entspricht mit geringen Abweichungen auch dem „St. Galler Managementmodell" mit den Führungsstufen: Politiksystem bzw. Unternehmenspolitik – Planungssystem – Dispositionssysteme – operative oder ausführende Systeme (*Ulrich* 1978: 192).

St. Galler Managementmodell

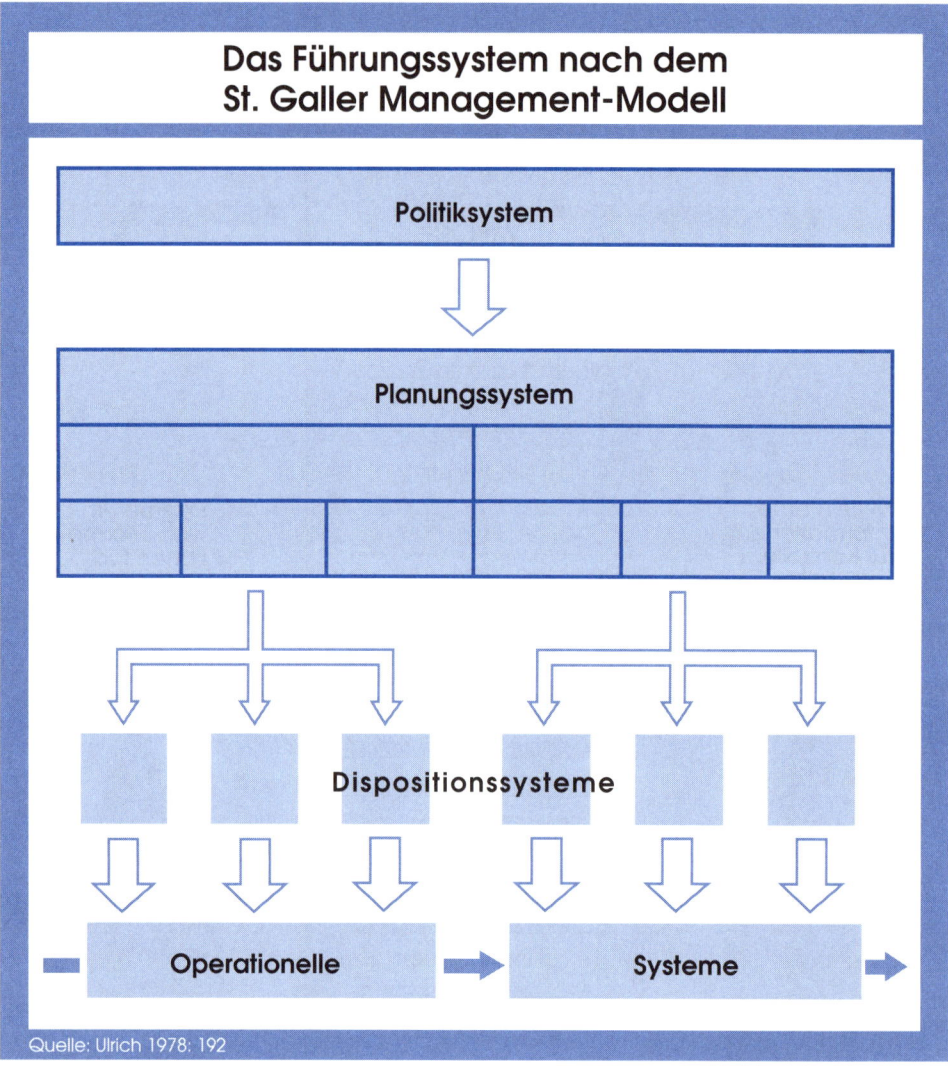

Abb. 8: Das Führungssystem nach dem St. Galler Management-Modell

Dabei korrespondieren die „Grundsatzplanung" bei *Schwarz* bzw. das „Politik-System" bei *Ulrich* mit dem „normativen System" von *Beer*.

In traditionellen Wirtschaftsunternehmen behalten sich solche normativen Grundsatzentscheidungen meist oberste Gremien, wie Vorstand und Aufsichtsrat vor. In sozialen Mitgliedsverbänden liegen sie zwar formal in der Kompetenz der Mitgliederversammlung, obwohl sie faktisch meist vom Vorstand wahrgenommen und von der Mitgliederversammlung nur abgesegnet werden. In weltanschaulich geprägten Tendenzbetrieben, wie den meisten Wohlfahrtsverbänden, sind solche Grundsatzentscheidungen oder Richtungsaussagen außerdem gebunden an ein noch „dahinter" oder „darüber" stehendes Interpretations- und Wertsystem, das nicht oder kaum zur Disposition steht. Bei öffentlichen Trägern schließlich werden sie formal von parlamentarischen Gremien getroffen, wobei die Exekutive aber realiter oft eine ebenso dominante Stellung einnimmt, wie der Vorstand bei den meisten größeren Mitgliedsorganisationen.

Die Konzeption als Instrument der globalen Steuerung
von Sozialen Organisationen

Dabei wird diese für die Identität und Kultur einer Organisation so zentrale Funktion nur in den seltensten Fällen unter Einbeziehung und Beteiligung aller seiner Subsysteme und Elemente wahrgenommen, wie es dem hier formulierten systemisch-evolutionären Verständnis entspräche – und wie es im gesunden menschlichen Organismus trotz des geringeren Freiheitsgrades seiner Elemente der Fall ist!

Auf Organisationen übertragen würde das bedeuten, ihre langfristige Grundorientierung in einem breiten Diskussionsprozess zu erarbeiten, an dem alle Untergliederungen und alle MitarbeiterInnen entsprechend ihrer unterschiedlichen Aufgabe und Verantwortung zu beteiligen wären – unbeschadet der Gesamtverantwortung des obersten Managements für die Initiierung und Steuerung eines solchen Prozesses. Seine Ergebnisse wären dann in einem schriftlichen Dokument festzuhalten, das zugleich verbindlich und reversibel ist, indem es alle Unternehmensangehörigen verpflichtet und ihren Partnern in der Umwelt als verlässliche Orientierung dient, zugleich aber für eine laufende Fortschreibung und Anpassung an neue Entwicklungen und Herausforderungen offen ist. Ein solches Grundsatzdokument erfüllt wesentliche Funktionen für die Steuerung und Entwicklung einer Organisation und entspricht dem, was hier als „Konzeption" bezeichnet wird.

Breiter Diskussionsprozess

Schriftliches Dokument

2.2 Zur Funktion von Konzeptionen für die Systemsteuerung

„Konzeptionen" im Sinne von Grundsatzprogrammen oder Unternehmenspolitiken erfüllen nicht nur für private Wirtschaftsunternehmen (*Ulrich* 1978: 21 ff) sondern genauso für sozialwirtschaftliche Unternehmen (*Schwarz P.* 1992: 461 ff) eine zentrale Funktion für ihr Innenleben und für die Beziehungen zu ihrer Umwelt. Diese Funktion lässt sich wie folgt differenzieren:

1. Eine geistige Integrationsfunktion, die sich darin ausdrückt, dass sie

   ❒ ein Medium der Verständigung der Mitglieder und MitarbeiterInnen untereinander über Sinn und Zweck des Unternehmens darstellt und damit der Entwicklung einer gemeinsamen Identität einer sog. „Corporate Identity" dient und somit

   ❒ die Integration unterschiedlicher Wertvorstellungen, Bedürfnisse und Interessen in einer gemeinsamen „Unternehmensphilosophie" ermöglicht sowie

   ❒ die Identifikation der Mitglieder und MitarbeiterInnen mit dem Unternehmen und mit ihrer Aufgabe in demselben fördert und damit gleichzeitig ihre Arbeitsmotivation, ihr Engagement für die Ziele und Aufgaben der Organisation stärkt.

Integration

Corporate Identity

Unternehmensphilosophie

Identifikation

Die Konzeption als Instrument der globalen Steuerung von Sozialen Organisationen

Unternehmenskultur

Gerade diese Integrations- und Motivationsfunktion wird desto besser erfüllt werden, je intensiver die Unternehmensangehörigen bereits am Prozess der Konzeptionsentwicklung beteiligt und nicht erst im nachhinein über dessen Ergebnisse informiert und ideologisch darauf eingeschworen werden; je mehr ihre Ansichten gehört und ihre Interessen berücksichtigt werden und je mehr sie sich daher in diesen Ergebnissen wiederfinden können. Damit wird die Konzeption nicht nur zu einem Dokument über eine intendierte „Unternehmenskultur", sondern gleichzeitig zu einem Instrument ihrer Verwirklichung, zu einem Stück *gelebter* Kultur.

Diese motivierende und integrierende Funktion gilt ganz besonders für sozialwirtschaftliche Unternehmen, bei denen die Qualität der Leistungen aufgrund ihres zwischenmenschlich-kommunikativen Charakters noch viel stärker vom persönlichen Engagement der MitarbeiterInnen und ihrer Einstellung zu den Abnehmern abhängt, als bei Profitunternehmen. Weil der materielle Anreiz keine so entscheidende Rolle für die Arbeitsmotivation spielt, erlangen immaterielle Faktoren, wie Eigenständigkeit und Teamarbeit oder die Realisierung bestimmter Werte und Ziele, dafür um so größere Bedeutung.

Orientierung

2. Eine *richtungsweisende* und *rahmensetzende* Funktion *(Orientierungsfunktion),* die darin besteht, dass sie

Planungsrichtlinie

a. die Grundlage und Richtlinie für die strategischen Planungen und Entscheidungen des Unternehmens bilden und zwar sowohl

❐ für die konkreten Leistungen, welche es für ihre Kundschaft erbringen will, wie
❐ für die internen Verfahrensregeln mit denen diese Leistungen geplant, erbracht und kontrolliert werden, m.a.W. wie das Unternehmen gemanagt und geführt werden soll.

Denn ein so komplexes, integriertes Steuerungssystem wie oben skizziert (siehe S. 31 ff), an dem alle Führungsebenen aktiv und selbständig beteiligt sind, funktioniert umso besser, je weniger die konkrete Planung mit der Diskussion und Abklärung von Grundsatzfragen beschäftigt ist (*Ulrich* 1978: 232 ff), ein weiterer Grund warum eine vorherige Einbeziehung bei diesem Diskussionsprozess wichtig ist.

Eine solche einheitliche Planungsgrundlage ist gerade bei den öffentlichen und freien Trägern sozialer Arbeit ein dringendes Erfordernis, da die Planung einzelner Einrichtungen und Maßnahmen dort noch sehr oft unkoordiniert nebeneinander herläuft und nicht an einer handlungsleitenden Gesamtkonzeption ausgerichtet ist und da das Management dieser Träger noch viel zu stark an bürokratischen Organisationsmodellen orientiert ist.

b. Eine Konzeption stellt weiterhin eine Interpretations- und Entscheidungshilfe für jede Führungskraft und jede MitarbeiterIn in den offenen Situationen ihres beruflichen Alltags dar. Denn jede Führungsvorgabe kann nach dem hier vorgestellten Führungsverständnis – und erst recht in der Arbeit mit Menschen – immer nur Rahmencharakter haben, so dass der berufliche Alltag auf allen Ebenen laufend selbständige Entscheidungen erfordert, bei denen dann die Ziele und Grundsätze einer Konzeption als Orientierungshilfen dienen können, ohne diese Entscheidungen allerdings vorwegzunehmen. (So wird eine Pflegerin in einem Altenheim, das sich zum Ziel gesetzt hat, die Selbständigkeit alter Menschen so weitgehend wie möglich zu achten und zu fördern, trotzdem entscheiden müssen, ob und wann sie einen sich selbst gefährdenden dementen alten Menschen festbinden oder sedieren soll, aber diese Zielformulierung wird ihr eine Hilfe dabei sein, solche Eingriffe im Zweifelsfall solange wie möglich zu vermeiden).

Interpretations- und Entscheidungshilfe

3. Eine *qualitätssichernde* und *-fördernde* Funktion, indem sie Leitideen formuliert, Ziele vorgibt und Leistungen benennt, aus denen bzw. für die sich

   ❐ Qualitätsmerkmale und -standards,
   ❐ Prüf- und Erfolgskriterien sowie
   ❐ Verfahren der Qualitätsüberprüfung und -weiterentwicklung sowie des Controllings

   ableiten lassen.

Qualitätssicherung

4. Eine *verhaltenssteuernde* Funktion, indem sie Verhaltensprinzipien und -regeln für ihre Mitglieder und MitarbeiterInnen aufstellt und zwar

   ❐ sowohl nach innen für den Umgang untereinander,
   ❐ wie nach außen gegenüber ihren Kunden bzw. Leistungsempfängern auf der einen, ihren Geschäftspartnern und Konkurrenten (bei sozialen Organisationen vor allem andere Träger und Einrichtungen) auf der anderen Seite.

Verhaltenssteuerung

Auch diese Funktion erfordert eine breite Beteiligung an der Konzeptionserstellung, sofern man will, dass die Einhaltung der Verhaltensregeln möglichst auf Zustimmung und Selbstkontrolle, statt auf Zwang und Fremdkontrolle beruht, was gerade in sozialen Unternehmen aufgrund des persönlichen und schwer von außen kontrollierbaren Charakters ihrer Dienstleistungen unabdingbar ist.

Selbst- statt Fremdkontrolle

5. Eine systemerhaltende *Gleichgewichtsfunktion,* die darin besteht, mit der verbindlichen und zugleich reversiblen Perspektive und Handlungsorientierung die sie vorgibt, einer doppelten Gefahr entgegenzusteuern:

Gleichgewicht

- einerseits in Routine zu erstarren und sich neuen Entwicklungen und Herausforderungen zu versperren und
- andererseits kurzfristig und unreflektiert auf jeden neuen Trend zu reagieren, sich jeder Modeerscheinung anzupassen und damit zur „neurotischen Maschine" zu werden (*Ulrich* 1978: 23), die infolge ständig wechselnder Ziele und Verhaltensweisen keine klare, eigenständige Richtung mehr erkennen lässt.

Gerade soziale Organisationen sind dieser doppelten Gefahr besonders stark ausgesetzt, da

- einerseits die Abhängigkeit von staatlichen Haushaltsrichtlinien und die häufig noch fehlende Effizienzkontrolle der Entwicklung bürokratischer Strukturen und Verhaltensweisen besonderen Vorschub leisten, während
- andererseits die Abhängigkeit von politischen Beschlüssen eine laufende Anpassung an kurzfristige politische Konjunkturen und Modethemen fordert, die sich in ständig wechselnden Förderrichtlinien und Modellförderungsprogrammen sowie jährlich umgeschichteten Haushaltsmitteln ablesen lassen. (Mal sind die alten Menschen, mal die Frauen, mal die Ausländer, mal die rechtsradikalen Jugendlichen „In" – und entsprechend die anderen wieder „Out").

Das fehlende klare Profil und die mangelnde aktive Zukunftsorientierung vieler sozialer Organisationen lässt sich daher als Ergebnis eines Wechselspiels dieser nur vordergründig gegensätzlichen, in Wirklichkeit eher komplementären Tendenzen sehen, denen man sich mangels einer klaren konzeptionellen Ausrichtung ausliefert, statt ihnen aktiv gegenzusteuern.

Public Relation

6. Eine *PR-Funktion:* denn,
jede Konzeption ist gleichzeitig ein Instrument der Selbstdarstellung und der Imagepflege und damit der gezielten Öffentlichkeitsarbeit, indem sie:

- Leistungsempfänger, Zuschussgeber und Kooperationspartner über die eigenen Ziele und Handlungsprinzipien informiert,
- potenzielle Mitglieder und Mitarbeiter anspricht,
- die Organisation in der fachlichen und politischen Öffentlichkeit darstellt.

Dabei dürfte es allerdings für das Image eines Unternehmens längerfristig kaum förderlich sein, wenn Konzeptionen, wie dies in der Praxis häufig der Fall ist, auf eine solche PR-Funktion reduziert bzw. alle anderen Funktionen der letzteren untergeordnet werden, wodurch die tatsächlichen und die publizierten Interessen und Absichten deutlich auseinander klaffen und damit längerfristig die Glaubwürdigkeit des Unternehmens leidet.

Die Konzeption als Instrument der globalen Steuerung von Sozialen Organisationen

Funktionen einer Konzeption	
Funktion	**Inhalte**
Integration	Grundlage für ❒ Corporate Identity ❒ Unternehmensphilosophie ❒ Identifikation und Motivation der Mitglieder und MitarbeiterInnen
Orientierung	Planungsrichtlinie Interpretationshilfe in Entscheidungssituationen
Qualitätssicherung	Grundlage für ❒ Qualitätsmerkmale und -standards ❒ Prüf- und Erfolgskriterien ❒ Controllingverfahren
Verhaltenssteuerung	Richtlinien für den Umgang der Organisationsangehörigen ❒ untereinander ❒ mit KundInnen ❒ mit anderen Organisationen
Systemgleichgewicht	Ausgleich zwischen ❒ Erstarrung und Routine/Abschottung vor neuen Entwicklungen ❒ ziellose Reaktion auf jeden Trend
Öffentlichkeitsarbeit	Information/Selbstdarstellung für ❒ KundInnen ❒ potenzielle Mitglieder und MitarbeiterInnen ❒ allg. Öffentlichkeit

Abb. 9: Funktionen einer Konzeption

Nimmt man die aufgezeigten Funktionen in ihrer Gesamtheit und gegenseitigen Ergänzung, so wird deutlich, dass eine gute Konzeption das „Bild", das „Profil" eines Unternehmens nach innen und außen definiert und schärft, dass sie m.a.W. die Organisation nach außen gegenüber ihrer Umwelt klar und eindeutig als eigenständiges System abgrenzt und zugleich nach innen ihre Subsysteme (ihre Arbeitsbereiche) und Elemente (ihre Mitglieder und MitarbeiterInnen) zu einem handlungsfähigen Ganzen integriert und damit eine zentrale, systembildende und -erhaltende Funktion erfüllt.

Organisationsprofil

Die Konzeption als Instrument der globalen Steuerung von Sozialen Organisationen

Unternehmens-politische Grundsatzprogramme

2.3 Formen oder Spielarten von Konzeptionen

In der modernen Betriebswirtschaftslehre wird in bezug auf mögliche unternehmenspolitische Grundsatzprogramme je nach Inhalt und Konkretheit zwischen folgenden Formen unterschieden (*Ulrich* 1978: 31 ff):

Unternehmensleitbild

1. Das „*Unternehmensleitbild*" als allgemeinste unternehmenspolitische Ziel- und Grundsatzerklärung, die in knapper Form zentrale, richtungsweisende Aussagen bzw. Leitideen formuliert

   ❐ einmal zur Zwecksetzung und Zielrichtung des Unternehmens,
   ❐ zweitens zum Verhalten des Unternehmens und zwar:
   • nach außen gegenüber Kunden, Partnern, Konkurrenten sowie
   • nach innen zwischen den MitarbeiterInnen und insbesondere zwischen Führung und Mitarbeiterschaft.

   Es richtet sich stets an alle MitarbeiterInnen und an die Öffentlichkeit.

Unternehmens-konzeption

2. Die „*Unternehmenskonzeption*"[1] bzw. „*Unternehmenspolitik*" i.e.S., als Konkretisierung und Differenzierung des Leitbildes hinsichtlich seiner nach *außen* gerichteten Tätigkeit und d.h. in bezug auf

   ❐ die Unternehmensziele,
   ❐ die globalen Strategien oder Wege, die zur Realisierung dieser Ziele angewandt werden sollen und
   ❐ die Leistungspotenziale bzw. Mittel (wie Personal, Kapital, Technologie), die hierzu zur Verfügung gestellt werden sollen. Es dient vor allem als Grundlage für die konkrete strategische Planung und richtet sich daher vorwiegend an die obere Führungsebene.

Führungskonzeption

3. Die „*Führungskonzeption*"[1] als Zusammenstellung grundsätzlicher programmatischer Aussagen zur Gestaltung und Lenkung des Unternehmens im Inneren und das heißt vor allem

   ❐ zur Organisationsstruktur und zum Aufbau des Führungssystems,
   ❐ zu den Anforderungen an die Führungskräfte, insbesondere zu ihrem Führungsverhalten, sowie zu ihrer Rekrutierung und Qualifizierung

   und richtet sich daher an alle Führungskräfte.

---

[1] Statt der von Ulrich verwandten Bezeichnungen „Unternehmenskonzept" und „Führungskonzept" wird hier i.S. der oben vorgeschlagenen Terminologie in beiden Fällen von „Konzeptionen" gesprochen.

Die Konzeption als Instrument der globalen Steuerung von Sozialen Organisationen

Konzeptionsformen für Wirtschaftsunternehmen			
Bezeichnung	**Charakter**	**Inhalte**	**Adressaten**
Unternehmens-leitbild	allgemeine unternehmenspolitische Grundsatzerklärung	Leitideen zu ❏ Zweck und Ziel ❏ Verhalten gegenüber Kunden, Mitarbeitern, anderen Unternehmen	alle Mitarbeiter Öffentlichkeit
Unternehmens-konzeption	Konkretisierung der Unternehmenspolitik hinsichtl. der Außentätigkeit	Ziele Strategien Potenziale	obere Führungsebene
Führungs-konzeption	Konkretisierung der Unternehmenspolitik nach innen	Organisationsstruktur Führungssystem Führungsverhalten Führungspotenziale	alle Führungskräfte

Abb. 10: Konzeptionsformen für Wirtschaftsunternehmen (nach H. Ulrich)

Diese Typologie läßt sich gut auf Wohlfahrtsorganisationen anwenden, wenn auch mit einigen Differenzierungen und Abweichungen, die sich vor allem aus den sehr unterschiedlichen Beziehungen zwischen Trägerorganisationen und ihren jeweiligen Subsystemen, sowie aus der stärkeren öffentlichen Kontrolle und Legitimationsnotwendigkeit für Wohlfahrtsorganisationen ergeben:

Anwendung auf Wohlfahrts-organisationen

- ❏ Dachverbände ohne eigene Einrichtungen und Maßnahmen und mit einer starken Selbständigkeit der Mitgliedsorganisationen werden sich sinnvollerweise auf die Formulierung eines „Leitbildes" beschränken, das zugleich die Autonomie ihrer Mitglieder als zentrales Strukturprinzip zum Ausdruck bringt.
- ❏ Verbände mit selbständigen Mitgliedsorganisationen aber auch ausgebauten Eigenaktivitäten unterscheiden am besten zwischen einem „Leitbild" für den Gesamtverband und einer „Verbandskonzeption" für die eigenen Tätigkeiten und Einrichtungen.
- ❏ Auf Einzelmitgliedschaft aufgebaute Verbände und Trägervereine könnten zwar aus PR-Gründen zwischen „Leitbild" und „Konzeption" differenzieren, aber genauso gut beides in einer einheitlichen „Verbandspolitik" bzw. „Vereinspolitik" zusammenfassen bei der das Leitbild die Einleitung bzw. den Grundsatzteil bildet.
- ❏ Überall dort, wo von Trägerorganisationen eine Gesamtkonzeption für ihre Tätigkeit und ihre verschiedenen Einrichtungen formuliert wird, ist es wichtig, diese nicht so konkret und detailliert zu fassen, dass den Einrichtungen selbst kein ausreichender Spielraum mehr für die Entwicklung einer eigenständigen Konzeption verbleibt.

- ❏ Öffentliche Träger werden Beschlüsse mit Leitbildcharakter durch ihre obersten politischen Gremien fassen. Für das Jugendamt bzw. den Kinder- und Jugendhilfe-Ausschuss (KJHA) ist jedoch aufgrund seiner eigenständigen Position und besonderen Aufgabenstellung die Formulierung eines eigenen Leitbildes zu empfehlen. Für die Einrichtungen öffentlicher Träger sind eigene, von den zuständigen Stellen verfasste bzw. genehmigte Konzeptionen sinnvoll.
- ❏ Für alle Trägerorganisationen ist die Erarbeitung einer eigenen „Führungskonzeption" bzw. das Aufstellen eigener „Organisations- und Führungsgrundsätze" (sei es als eigenes Dokument oder als besonderes Kapitel einer „Konzeption") zu empfehlen, um damit eine Grundlage für eine einheitliche, effektive und partizipative Lenkung und Gestaltung der Organisation zu schaffen.

Alle diese Dokumente sollten, da soziale Organisationen eine öffentliche Aufgabe erfüllen, auch öffentlich zugänglich sein.

Im nächsten Hauptteil werden alle drei Spielarten von Konzeptionen mit ihren wesentlichen Inhalten, bezogen auf die Trägerebene sozialer Organisationen, wiedergegeben und anschließend wird das Verfahren ihrer Entwicklung beschrieben.

Daran schließt sich eine Darstellung der Inhalte und Verfahrensweisen für eine Einrichtungskonzeption an.

Davor ist allerdings noch eine wichtige terminologische Klärung erforderlich, nämlich die Antwort auf die Frage: Was sind „Ziele"?

2.4 Ziele als zentrale Konzeptionselemente

Das Aufstellen von Zielen ist das zentrale Steuerungsinstrument in jeder Organisation. Zielaussagen stellen daher wesentliche Inhalte jeder Art von Konzeption dar. Eine Klärung dieses Begriffs ist folglich eine notwendige Voraussetzung jeder Konzeptionsentwicklung.

Ziele

Ziele – Werte – Normen
„*Ziele*" werden hier verstanden als konkrete, zukünftige Zustände oder Ereignisse, die durch Handeln (hier einer Organisation bzw. ihrer Angehörigen) erreicht werden sollen.
Sie sind sprachlich zu unterscheiden von „Werten" und „Normen":

Werte

„*Werte*" sind Gegenstände, Zustände, Ereignisse, welche für die Motivation der handelnden Personen von Bedeutung sind bzw. ihrem Handeln als Orientierung dienen (wie Geld, Erfolg und Anerkennung, Zufriedenheit der Klienten, Beteiligung der MitarbeiterInnen, aber auch Selbstbestimmung, Gerechtigkeit und Nächstenliebe). Solche „Werte" können zu Zielen umfor-

Die Konzeption als Instrument der globalen Steuerung von Sozialen Organisationen

muliert werden (z.B. viel Geld verdienen, den Mitarbeitern Partizipationsmöglichkeiten einräumen etc.), bzw. wo es sich um abstraktere Ideale handelt, zu Zielen konkretisiert bzw. „operationalisiert" werden (z.B. Klienten befähigen, dass sie selbst über ihre persönlichen Angelegenheiten entscheiden können, eine gerechtere Vermögensverteilung erreichen etc.).

„Normen" sind Erwartungen an das Verhalten und damit Umsetzungen von Werten auf eine konkrete Handlungsebene. Dabei lassen sich in jedem Unternehmen unterscheiden: *Normen*

- formelle, offiziell für verbindlich erklärte Richtlinien oder Vorschriften auf sehr unterschiedlichen Konkretionsebenen (z.B. „Achtung der Würde und Selbstbestimmung von Klienten", „Mitarbeiter sind bei Entscheidungen vorher zu hören", pünktlicher Arbeitsbeginn etc.) wobei Normen von hoher Allgemeinheit auch „Grundsätze" oder „Prinzipien" genannt werden
- informelle Gepflogenheiten, die den Stil und das Klima bzw. die sog. „Kultur" einer Organisation prägen (z.B. Kleiderordnung, Duzen oder Siezen, Umgang mit Zeit).

Ziele – Mittel – Wege

Diese Begriffe sind relativ, da jedes Ziel als Mittel oder Weg zu einem dahinterliegenden Ziel angesehen und jedes Mittel zu einem Ziel erklärt werden kann: So könnte die Einführung eines Mitbestimmungsmodells in einem Jugendzentrum als Mittel zur Erziehung von Jugendlichen zu Selbständigkeit, Konfliktfähigkeit und demokratischem Verhalten und dieses Ziel wiederum als Weg zu einer allgemeinen Demokratisierung der Gesellschaft definiert werden. Umgekehrt könnte das Mitbestimmungsmodell als Ziel aufgestellt werden, das durch die Einrichtung fester Gremien (Vollversammlung, Heimbeirat etc.) mit Entscheidungsbefugnissen verwirklicht werden soll. Und so könnte die Bildung dieser Gremien zum konkreten Handlungsziel erhoben werden, das auf dem Weg über Diskussionen mit den jugendlichen Besuchern, Bildung einer Strukturkommission, Verhandlung mit der Zuschuß gebenden Gemeinde etc. erreicht werden soll.

Ziel – Mittel – Relation

Daraus wird deutlich, dass die Verwendung der Begriffe davon abhängt, auf welcher Ebene in einer Hierarchie von Zielen und Mitteln bzw. Wegen sie angesetzt werden, was wiederum mit der Kurz- oder Langfristigkeit der jeweiligen Perspektive und mit der Art und Größe einer Organisation, insbesondere mit ihren organisationsinternen Ebenen zusammenhängt (so kann z.B. für eine Einrichtung ein Ziel sein, was für den Träger nur ein Mittel ist).

Für den konkreten Zweck einer Konzeptionserstellung erscheint es dabei – obwohl das Verhältnis von Zielen und Wegen relativ und die Unterscheidung zwischen Zielen und Werten unscharf ist – sinnvoll, eine begriffliche Differenzierung zu verwenden, die etwa wie folgt aussehen könnte:

Grundwerte/Leitideen   ❏ **„Grundwerte"** oder **„Leitideen",** die dem Handeln der Organisation und ihrer MitarbeiterInnen Orientierung geben, ihnen als globale, notwendigerweise grobe Bewertungskriterien dienen können (wie z. B. „Achtung der Würde und Selbstbestimmung von Klienten" oder schlicht „Kunden- bzw. Klientenorientierung", „Förderung und Beteiligung der MitarbeiterInnen", „Transparenz nach innen und außen").

Globalziele   ❏ **Global-** oder **Richtungsziele,** die eine Tendenz angeben, eine Entwicklung aufzeigen, welche durch die Tätigkeit der Organisation gefördert werden soll, zu der sie also einen Beitrag leisten, die sie aber nicht im eigentlichen Sinne erreichen oder verwirklichen kann da sie eine ständige, nie endende Aufgabe bedeuten (z. B. „Mündigkeit", „Emanzipation", „Abbau sozialer Ungleichheit") und da sie auch von Faktoren abhängen, die nicht in ihrem Einflußbereich liegen.

Handlungsziele   ❏ **Handlungsziele,** die durch die unternehmerische Tätigkeit unmittelbar realisiert werden sollen und die daher so konkret und überprüfbar wie möglich formuliert werden müssen. Dabei ist gerade in der sozialen Arbeit eine nochmalige Unterscheidung wichtig in:

Wirkungsziele   • **Wirkungsziele,** welche bei den Adressaten der Dienstleistung bewirkt werden sollen (z. B. „Erreichen eines qualifizierenden Abschlusses", „Finden einer Arbeitsstelle", „Führen eines straffreien Lebens" etc.) und

Leistungsziele   • **Leistungs-** oder **Maßnahmeziele,** die sich beziehen auf die zu erbringende Dienstleistung selbst, die Schaffung der dazu erforderlichen strukturellen Bedingungen sowie die Qualität von beidem.

Während die Erreichung der Leistungsziele, bzw. des sog. „*out-put*" einer sozialen Dienstleistung und deren Struktur- und Prozessqualität im wesentlichen von den Dienstleistern selbst und ihren Ressourchen abhängt und ihnen damit auch eindeutig zugerechnet werden kann, ist die Realisierung der Wirkungsziele bzw. des sog. „*out-come*" und damit die Ergebnisqualität einer sozialen Dienstleistung von einer Summe von Faktoren abhängig, (wie der Mitwirkungsbereitschaft der Klienten, die Einflüsse ihres sozialen Umfeldes) die sich dem Einfluss der Dienstleister mehr oder minder stark entziehen, wodurch über den zurechenbaren Erfolg einer sozialen Einrichtung keine sicheren Feststellungen, sondern nur Wahrscheinlichkeitsaussagen möglich sind (wie auf S. 23 f genauer erläutert).

Bei der Aufstellung von Zielkatalogen (s. u. S. 82 ff) ist dann allerdings besonders darauf zu achten, dass zwischen Grundwerten und Globalzielen einerseits und Handlungs-, insbes. Maßnahmezielen andererseits keine Widersprüche entstehen, wie es in der politischen Planung so häufig der Fall ist, indem Globalziele dazu dienen, ein Vorhaben (z. B. ein Stadtsanierungs- oder -entwicklungsprojekt) den Bürgern schmackhaft zu machen und ihnen gegenüber zu legitimieren, während die Maßnahmeziele unter dem Druck ökonomischer Interessen das schiere Gegenteil vorschreiben. Gerade Stadtentwicklungspläne sind oft ein Musterbeispiel für eine solche „Entkoppelung" zwischen Globalzielen und Maßnahmezielen.

3. Konzeptionen auf Trägerebene

3.1 Das Leitbild

Was ist ein Leitbild?
Leitbilder werden oft als das „Grundgesetz" oder die „Zehn Gebote" einer Organisation bezeichnet. Sie befassen sich mit den langfristigen, globalen Zielen und den langfristig gültigen Prinzipien, Normen und Spielregeln einer Organisation, die ihre Lebens- und Entwicklungsfähigkeit sicherstellen sollen.

Grundgesetz

Sie enthalten daher grundlegende Aussagen zu

- ❏ der Organisation selbst, ihrem Selbstverständnis, ihren Zielen, Aufgaben und Strukturen;
- ❏ den Organisationsmitgliedern, ihren Einstellungen und ihrem Verhalten untereinander und zu ihrem Umfeld (insbes. Adressaten und andere Organisationen).

Ein Leitbild ist daher ein Mittel der Kommunikation von Organisationen nach innen und außen:

Mittel der Kommunikation

- ❏ nach innen kann es den MitarbeiterInnen Orientierung geben, ihre Motivation stärken und ihre Identifikation mit der Organisation stärken;
- ❏ nach außen kann es die Besonderheiten der Organisation für ihre Kunden bzw. Adressaten, ihre Kooperationspartner und Förderer hervorheben und verdeutlichen.

Es bildet daher für die Organisation und ihre Mitglieder einen gemeinsamen *Orientierungsrahmen*, der verbindlich sein sollte. Es hat allerdings keinen Gesetzes-Charakter und ist daher nicht einklagbar. Dass die in einem Leitbild zusammengefassten Richtlinien eingehalten werden, beruht überwiegend auf Freiwilligkeit und Überzeugung und zum Teil auf sozialer Kontrolle. Es ist Teil des *normativen Managements* und bildet den handlungsleitenden Rahmen für das strategische und operative Management.

Orientierungsrahmen

Und es hat damit, sofern es nicht nur auf dem Papier steht, sondern auch gelebt wird, konkrete Auswirkungen auf das Handeln der Organisation auf drei verschiedenen Ebenen

Auswirkungen

- ❏ dem *Verhalten* der MitarbeiterInnen nach innen und außen,
- ❏ der Gestaltung ihrer *Kommunikation* nach innen (z. B. bei Besprechungen) und außen (z. B. Öffentlichkeitsarbeit),
- ❏ dem *visuellen Erscheinungsbild* (sog. „Design") der Organisation.

Fragen und Antworten   Ein Leitbild gibt Antwort auf folgende Fragen:

Leitbildfragen

- Wer sind wir? Wo kommen wir her?
  (Auftrag, Identität, Geschichte)

- Was wollen wir?
  (Anspruch, Werte, Menschen- und Gesellschaftsbild, globale Ziele – kurz „Philosophie")

- Was tun wir? Für wen bzw. mit wem?
  (Pauschalaussage zu Leistungen/Angeboten, Adressaten, Zielgruppen, NutzerInnen)

- Wo arbeiten wir?
  (lokales, nationales und globales, politisches und soziales Umfeld)

- Wie arbeiten wir? Was können wir?
  (Qualitätskriterien, fachliche Kompetenzen)

- Wie gehen wir miteinander um?
  (Kommunikation und Kooperation, Führungsverständnis und Organisationskultur)

- Mit wem arbeiten wir zusammen und wie?
  (Kooperationspartner und Förderer)

Abb. 11: Leitbildfragen

Konzeptionen auf Trägerebene

Wie muss ein Leitbild sein?

Damit es seine Funktion erfüllt, sollte es den folgenden Anforderungen genügen:

Anforderungen an ein Leitbild

Leitbilder müssen ...

1. eine *Vision* (z. B. einer modernen Verwaltung) formulieren und damit die *angestrebte Entwicklungsrichtung* aufzeigen, auch wenn manches davon heute noch nicht Realität ist, denn Vision und Realität stehen in einer kreativen Spannung zueinander! Auch *hohe Werte* ausdrücken und *Gefühle ansprechen* und trotzdem *realisierbar* sein, d. h. keine Luftschlösser vorgaukeln oder nur „heiße Luft" enthalten;

2. Ziele *positiv* formulieren und sich auf *Stärken* konzentrieren;

3. nicht Absichtserklärungen in Zukunftsform, sondern *Aussagen in Gegenwartsform* machen:

   Nicht: „Wir wollen ...", „unser Bestreben ist ..."

   Sondern: *„Wir sind ...", „Wir verhalten uns ..."*

4. sich auf *wesentliche Aussagen* beschränken und keine langatmigen Beschreibungen enthalten. Lieber *„kurz und knackig"!*

5. *langfristig gültig* sein, nicht nur für den Zeitpunkt der Erstellung;

6. die *Wahrheit* sagen;

7. in ihren Inhalten *aufeinander abgestimmt* sein — sie dürfen sich nicht widersprechen;

8. in einer *einfachen,* verständlichen, *bildhaft-anschaulichen* und *„zündenden" Sprache* verfasst sein;

9. *aus der Organisation selbst* kommen — sie können nicht „am grünen Tisch" von Externen gemacht werden;

10. die *Einzigartigkeit* der Organisation ausdrücken, ihre ausgeprägte Kompetenz, wofür sie steht und was sie erreichen kann;

Abb. 12: Anforderungen an ein Leitbild

Ein Leitbild soll daher in knappen, prägnanten Formulierungen, in Form von Thesen und Postulaten und ohne Begründung die zentralen richtungsweisenden Ziele und Grundsätze für die Tätigkeit des Unternehmens aufstellen. Ein Gesamtumfang von 1–4 Seiten dürfte hierfür genügen, wobei in der Praxis oft eine 3–4-seitige Langfassung und eine einseitige Kurzfassung erstellt wird.

Beispiele Hier einige Beispiele für Aussagen zu verschiedenen Aspekten:

1. Zur Organisation und ihrem Zweck:

   - „Verwaltung ist für die Bürger da; sie ist kein Selbstzweck"
   - „Wir bieten bedarfsorientierte Öffnungszeiten an"
   - „Unsere Organisationsstrukturen sind transparent nach innen und außen"

2. Zu den Organisationsmitgliedern und ihrem Verhalten:

   - „Wir benötigen fachlich und sozial kompetente MitarbeiterInnen"
   - „Wir schaffen eine freundliche Atmosphäre"
   - „Wir pflegen einen partizipativen Führungsstil"
   - „Wir lösen Probleme und stellen Fehler ab, ohne nach Schuldigen zu suchen"

3. Zum Umfeld der Organisation:

   - „Wir achten die Privatsphäre unserer Besucher und sichern ihnen Vertraulichkeit zu"
   - „Wir wollen unsere Kunden so zufrieden stellen, dass sie vor unserer Türe Schlange stehen"
   - „Wir streben eine gemeinwesenorientierte Vernetzung unserer Aktivitäten mit anderen Trägern und Einrichtungen an"

Motto und Slogan Zentrale Aussagen eines Leitbildes lassen sich auch in einem *Motto* oder *Slogan* zusammenfassen und auf den Punkt bringen, z. B. so:

- „Unsere Behörde – Partner des Bürgers"
- „Ort zum Leben" (Herzogsägmühle)
- „Menschen an Ihrer Seite" (Rummelsberger Anstalten)

Eine Gefahr solcher verkürzten, plakativen Aussagen ist allerdings, dass sie leicht von Mitarbeitern und Besuchern ins Lächerliche gezogen werden können. Auf allzu reisserische und großspurige Formulierungen sollte daher verzichtet werden. Soziale Unternehmen müssen darauf achten, dass sie ihre Marketing-Strategien nicht zu sehr dem Stil kommerzieller Werbung anpassen und ihr Motto z. B. auf T-Shirts aufdrucken und auf der Tribüne einer Box-Kampf-Arena anbringen…

Konzeptionen auf Trägerebene

Das Unternehmens- oder Verbandsleitbild

Wendet man das oben gesagte konkret auf einen freien Träger sozialer Arbeit an, gleichgültig ob Spitzen- bzw. Dachverband, Mitgliederverband aus natürlichen oder juristischen Personen, Verein oder gemeinnützige GmbH, ergeben sich daraus etwa folgende Punkte:

1. Der religiöse, weltanschauliche und/oder politische *Hintergrund* der Organisation, aus der sie ihren Auftrag herleitet, sowie ihre *Grundgliederung* soweit diese für ihr Selbstverständnis wesentlich ist (z. B. Dachverband mit autonomen Mitgliedsorganisationen oder bundeseinheitlicher Verband auf Einzelmitgliederbasis mit mehrstufigem, demokratischem Aufbau). — *Weltanschaulicher Hintergrund*

2. Dieser *Auftrag* selbst, die „Mission", die sie aus ihrem Hintergrund ableitet, und das Globalziel, das sich daraus für ihre Tätigkeit ergibt (sowie eventuell bestimmte *Zielgruppen*, denen sie sich widmen will, sofern sich dies aus ihrem Auftrag unmittelbar ableitet). — *Auftrag*

3. Die sozialen *Problemlagen*, auf die sie mit ihrer Tätigkeit reagieren, die *Anliegen, Bedürfnisse, Interessen,* auf die sie damit eingehen will und den gesellschaftlichen Bedarf, den sie damit abzudecken beabsichtigt. — *Bedarf*

4. Die *Grundwerte* und *Handlungsprinzipien*, die sich aus 1. und 2. ableiten lassen für: — *Grundwerte*

    a. Die Beziehung zu den KundInnen bzw. KlientInnen (z. B. Achtung ihrer Würde und Selbständigkeit, Hilfe zur Selbsthilfe etc.).
    b. Den Umgang der Organisationsangehörigen (Mitglieder und MitarbeiterInnen) untereinander (z. B. persönliche Förderung und Unterstützung der MitarbeiterInnen, Pflege einer positiven Unternehmenskultur und eines guten Betriebsklimas, Grundprinzipien des Führungsverhaltens).
    c. Den Umgang mit anderen Organisationen insbesondere
        - anderen sozialen Unternehmen, die als Konkurrenten und/oder als Kooperationspartner in Frage kommen (z. B. die Bereitschaft zu einer gemeinwesenorientierten Zusammenarbeit);
        - den zuständigen staatlichen Stellen und der staatlichen Sozialpolitik (z. B. Bereitschaft zur Mitwirkung und Einmischung, sparsamer und transparenter Umgang mit Ressourcen).

5. Die Grundstruktur der *Leistungen*, die sie anbieten will und evtl. auch der *Einrichtungen*, die sie dazu schaffen bzw. zur Verfügung stellen will. — *Leistungen*

Konzeptionen auf Trägerebene

Qualitätssicherung 6. Eine kurze Aussage zur Qualitätssicherung und -weiterentwicklung als permanente Aufgabe

Handlungskonzept 7. Unter Umständen das methodische, wissenschaftlich und normativ fundierte *Handlungskonzept*, bzw. der methodische „Ansatz", der ihrem Handeln zugrunde liegt (z. B. systemische Familientherapie, Montessori-Pädagogik etc.).
Obwohl es sich hierbei eindeutig um einen Weg und nicht um ein Ziel handelt (methodos = Weg), ist aufgrund seiner zentralen Bedeutung für die auf Beziehungsarbeit fußenden Leistungen sozialer Einrichtungen ein kurzer Hinweis im Leitbild zu empfehlen, zumindest dann, wenn dies für das Selbstverständnis des Trägers oder die Art der Leistung als wesentlich angesehen wird).

Profil 8. Aus 3.–6. abgeleitet ein *Leistungsprofil*, eine Aussage darüber, was das Besondere an der Organisation und ihrem Leistungsangebot ist, d.h. worin es sich von anderen Angeboten anderer Träger unterscheidet und warum das Leistungsangebot den vorhandenen Bedarf in besonders angemessener und qualifizierter Weise deckt.

Verbandsleitbild

Inhalte

1. Werthintergrund
2. Auftrag / Globalziel
3. Grundwerte bzw. Richtlinien bezügl.
   - KundInnen
   - MitarbeiterInnen
   - anderen Organisationen
4. Soziale Problemlagen und Bedürfnisse / Bedarf
5. Leistungsziele und Angebote
6. Qualitätssicherung
7. (Handlungskonzept)
8. Leistungsprofil

Abb. 13: Verbandsleitbild

Konzeptionen auf Trägerebene

Die Gliederung für das endgültige, zur Veröffentlichung gedachte Dokument sollte allerdings eher nicht nach dieser logischen aber nüchternen Reihenfolge und mit diesen „trockenen" Überschriften aufgestellt werden, sondern dem Anspruch an Einfachheit, Lebendigkeit und Anschaulichkeit entsprechenden mit Zwischentiteln, die den Leser unmittelbar ansprechen, etwa so:

Gliederungen

Verbandsleitbild

Gliederungsbeispiel I

1. Unser Auftrag – Wer sind wir?
2. Unser Anspruch – Was wollen wir?
3. Unsere Vertretung – Wie arbeiten wir zusammen?
4. Unsere Leistung – Was bieten wir an?
5. Unser Arbeitsstil – Wie arbeiten wir?
6. Unsere Finanzen – Wie finanzieren wir uns?

(Kreisjugendring Fürstenfeldbruck des Bayerischen Jugendrings)

Abb. 14: Verbandsleitbild – Gliederungsbeispiel I

oder so:

Verbandsleitbild

Gliederungsbeispiel II

1. Wer wir sind
2. Für wen wir da sind
3. Was uns bewegt
4. Was wir leisten
5. Unsere besondere Kompetenz
6. Wir sind Partner des Sozialstaats

(Rummelsberger Anstalten der Inneren Mission)

Abb. 15: Verbandsleitbild – Gliederungsbeispiel II

Und zum Schluss als Beispiel die Kurzfassung eines Leitbildes in Form von 10 Geboten:

> **Leitbild – Kurzfassung** (Ein Beispiel)
>
> **Unsere „10 Gebote"**
>
> 1. Wir gehen menschenwürdig miteinander um und achten uns gegenseitig.
> 2. Wir pflegen unsere Tradition und gestalten innovativ soziale Zukunft.
> 3. Wir verbessern ständig unsere Qualität und Leistung.
> 4. Wir denken und handeln nach sozialen, wirtschaftlichen und ökologischen Gesichtspunkten.
> 5. Wir orientieren unser Tun und Schaffen sinnerfahrend an unserem caritativem Auftrag.
> 6. Wir sind stets bemüht, das Vertrauen unserer Kunden zu erwerben und zu erhalten.
> 7. Wir fordern und fördern die Qualifikation und Entwicklung aller MitarbeiterInnen.
> 9. Wir stellen uns bereitwillig, aufgeschlossen und kreativ neuen Herausforderungen.
> 10. Wir arbeiten kooperativ und kommunikativ nach innen und nach außen.
>
> (Caritas-Verband für die Erzdiözese Münster e. V.)

Abb. 16: Leitbild Kurzfassung – Ein Beispiel

Leitvorstellungen öffentlicher Träger

Öffentliche Träger, insbesondere die Kommunen (Städte und Gemeinden) sowie die Kommunalverbände (Landkreise und Bezirke) werden zu ihren sozialen Aufgaben keine „Leitbilder" im eigentlichen, hier dargestellten Sinne aufstellen, aber vielleicht Beschlüsse ihrer obersten politischen Gremien fassen, die sehr wohl Leitbildcharakter haben und Richtlinien für die konkreten Planungen und Entscheidungen ihrer sozialen Dienststellen und Einrichtungen darstellen können.

Jugendamtsleitbild — Eine dieser Dienststellen, das *Jugendamt* hat jedoch aufgrund seiner gesetzlichen Grundlage, seiner Aufgabenstellung und seines eigenen parlamentarischen Kontrollorgans, des KJHA, eine Sonderstellung. Gerade angesichts der entscheidenden Neuorientierung, die das KJHG für das Selbstverständnis, die Aufgaben und die Struktur des Jugendamtes darstellt – einer Neuorientierung, die sich in der Praxis meist noch in Umsetzung befindet – wäre

Konzeptionen auf Trägerebene

es sehr sinnvoll, wenn sich Jugendämter in Zukunft durch Beschluss ihres KJHA eigene „Leitbilder" als verbindliche Wegweiser für eine solche Neuorientierung und Neustrukturierung geben würden.

Für eine solche Funktion als Grundsatzprogramm einer grundlegenden Innovation erscheint eine etwas andere Gliederung sinnvoll, etwa nach folgendem Muster:

Innovationsprogramm

1. *Inhaltliche Leitvorstellungen,* wie sie sich aus dem KJHG ableiten lassen und die in etwa in folgenden Schlagworten zusammengefasst werden könnten:

    ❏ Alltags- und Lebensweltorientierung,
    ❏ Ganzheitlichkeit von Hilfen,
    ❏ Von der Krisenintervention zur Prävention,
    ❏ Von der Eingriffsverwaltung zur Angebotsorientierung bzw. zur Service-Leistung,
    ❏ Von der Bevormundung zur Mit- und Selbstbestimmung von Betroffenen.

Inhaltliche Leitvorstellungen

2. *Organisatorische Konsequenzen,* die unter dem Motto „Von der bürokratischen Verwaltung zur bürgernahen Dienstleistung" folgende sich ergänzende und fördernde Prozesse beinhalten würden:

    ❏ Dezentralisierung und Delegation von Entscheidungsbefugnissen an die fachliche Basis,
    ❏ Regionalisierung/Stadtteil- bzw. Gemeinwesenorientierung,
    ❏ Kooperation und Vernetzung (von eigenen Angeboten, Arbeitsabläufen und Sachgebieten sowie mit anderen Organisationen und Einrichtungen).

Organisatorische Konsequenzen

3. Grundsätze für die *Aufgabenverteilung* und Kooperation zwischen Jugendamt und freien Trägern

    ❏ bei der Jugendhilfeplanung und
    ❏ bei der Durchführung von Maßnahmen.

Aufgabenverteilung Jugendamt – freie Träger

4. Prinzip der permanentenen Qualitätssicherung und -entwicklung

Umsetzung

5. Instrumente zur *Umsetzung* dieser Leitvorstellungen insbesondere

    ❏ Organisationsentwicklung,
    ❏ Personalentwicklung,
    ❏ Öffentlichkeitsarbeit.

3.2 Die Unternehmens- oder Verbandskonzeption (bzw. Unternehmens- oder Verbandspolitik)

Vom normativen zum strategischen Management

Bei größeren Verbänden mit eigenem Leitbild sollte die Konzeption eine Konkretisierung und Differenzierung des ersteren, vor allem bezüglich der Zielsetzung und des Leistungsangebotes darstellen und dazu einige grundsätzliche Hinweise zu den hierzu erforderlichen Mitteln (insbesondere Personal und Finanzen) enthalten und somit eine Umsetzung des normativen auf die Ebene des strategischen Managements darstellen. Bei kleineren Verbänden und Vereinen wird die Konzeption im Sinne einer einheitlichen „Verbands- oder Vereinspolitik" die sonst auf Leitbild und Konzeption verteilten Inhalte zusammenfassen und somit eine Verbindung von normativem und strategischem Management herstellen.

Zeichnet sich das Leitbild durch einen knappen, eher thesenhaften Stil und Aufbau aus, so ist eine Konzeption stärker argumentativ aufgebaut, mit Erklärungen und Begründungen versehen. Ein Umfang von 15–20 Seiten dürfte für die hierzu vorgeschlagenen Inhalte in der Regel genügen:

Diese Inhalte sind:

Philosophie

1. Das Selbstverständnis bzw. die „Philosophie" des Verbands/Vereins.

   Hierzu gehören wie bei einem Leitbild:

   - der Werthintergrund,
   - Auftrag und Globalziel/evtl. Zielgruppe,
   - die Grundwerte für den Umgang mit Kunden, Partnern und MitarbeiterInnen.

   Das Leitbild kann daher, falls ein solches vorhanden ist, der Konzeption als Einleitung vorangestellt werden. Stattdessen oder darüber hinaus können seine Aussagen aber auch ausführlicher formuliert, sowie genauer erläutert und begründet werden.

Soziale Problemlagen und Bedürfnisse

2. Die sozialen Problemlagen und Bedürfnisse auf die eingegangen werden soll.

   Dieser Punkt sollte ausführlicher dargestellt werden als in einem Leitbild und insbesondere durch Heranziehung von Fachliteratur und wissenschaftliche Untersuchungen untermauert werden.

Konzeptionen auf Trägerebene

Er sollte umfassen:

- Eine Analyse der gegenwärtigen gesellschaftlichen Lage der anzusprechenden Zielgruppe(n), ihrer Probleme und Defizite, aber auch ihrer Fähigkeiten und Potenziale, sowie ihrer Bedürfnisse und Interessen.
- Eine Prognose über die zu erwartende Weiterentwicklung dieser Problem- und Bedürfnislagen.
- Ein daraus ableitbarer voraussichtlicher Bedarf für die absehbare Zukunft.

3. Die angebotenen Leistungen *Leistungen*

Auch dieser Punkt sollte ausführlicher behandelt werden, als in einem Leitbild, insbesondere sollten die bereits eingeführten und weiter geplanten Leistungen bzw. Angebote konkreter und detaillierter dargestellt werden. Hierbei könnten folgende Unterpunkte hilfreich sein:

- Wirkungsziele;
- Leistungsangebote (Beratung, Pflege, Bildung etc.);
- Einrichtungen/Maßnahmen/Veranstaltungen als konkrete Orte und Formen für diese Leistungen;
- Methodische Prinzipien/Handlungskonzept;
- Verhalten der MitarbeiterInnen gegenüber Kunden bzw. Leistungsempfängern (vgl. Leitbild Punkt 4a, S. 51, aber konkreter und ausführlicher);
- Instrumente der Qualitätssicherung und -entwicklung
    - Erarbeitung von Qualitätsstandards
    - Sicherung der Qualität (z.B. durch Überprüfung der Standards, laufende Evaluation, Teamarbeit, Fallbesprechungen, Supervision und kollegiale Beratung, Fortbildung)
    - Auswertung (z.B. Kundenbefragung, Selbstevaluation).

4. Die Finanzen *Finanzen*

Die Finanzen sind das entscheidende Mittel zur Verwirklichung aufgestellter Ziele. Ihre Finanzierung ist daher ein zentraler Punkt, an dem Organisationsmitglieder und Außenstehende die Glaubwürdigkeit und Realisierbarkeit dieser Ziele überprüfen können. Vor allem die großen Wohlfahrtsverbände sollten daher ihre bisherige Geheimhaltungspolitik in Finanzangelegenheiten zugunsten von mehr Transparenz aufgeben und dies auch in ihren Konzeptionen ausdrücken und dort daher zumindest einige globale Angaben machen zu

- ihren wesentlichen Einnahme- und Ausgabeposten insbesondere zu den Finanzierungsquellen für ihre Leistungen sowie
- zu ihren Vermögenswerten und zu ihrer Liquidität.

Personal   5. Personalwesen

Das Personal ist das zweite wesentliche Mittel zur Zielverwirklichung. Eine Konzeption sollte daher Aussagen enthalten über

- die unterschiedlichen Fachkräfte/Berufsgruppen, die für die verschiedenen Aufgaben bzw. Tätigkeitsbereiche erforderlich sind, ihre Eingruppierung, ihre Aufstiegsmöglichkeiten;
- die sonstigen Arbeitsbedingungen und die Arbeitsplatzgestaltung;
- die Interessenvertretung der MitarbeiterInnen und die Kooperation mit ihr;
- Ziele und Maßnahmen der Personalentwicklung;
- Förderung des Betriebsklimas und der Unternehmenskultur;
- Führungsrichtlinien bzw. Grundsätze (dieser Punkt kann hier entfallen, wenn eine eigene „Führungskonzeption" erstellt wird (s. S. 56 ff).

Umwelt   6. Beziehungen zur Umwelt des Unternehmens insbesondere

- Prinzipien für die Beziehung zu anderen sozialen Organisationen bzw. Richtlinien zum Umgang mit ihnen;
- Mitgliedschaft in Dachorganisationen und anderen fachlichen und sozialpolitischen Zusammenschlüssen;
- Beteiligung an Verbundsystemen und anderen örtlichen und überörtlichen Kooperationszusammenhängen (z.B. Gemeinwesenorientierung);
- Kooperation mit staatlichen und kommunalen Stellen sowie öffentlichen Trägern;
- Einflussnahme auf die kommunale und staatliche Sozialpolitik.

Wird die Konzeption zusätzlich zu einem Leitbild erstellt, könnte bei Punkten, die im Leitbild bereits ausreichend behandelt sind, auf letzteres verwiesen werden. Stattdessen könnten diese Punkte aber genauso gut im Kontext der Konzeption neu und falls gewünscht etwas ausführlicher formuliert werden. Dies wird vor allem von der Verwendung der beiden Dokumente abhängen.

Konzeptionen auf Trägerebene

Verbandskonzeption bzw. Verbandspolitik

Gliederung

I. **Selbstverständnis / Philosophie**
   1. Werthintergrund
   2. Auftrag / Globalziel
   3. Grundwerte

II. **Soziale Problemlagen und Bedürfnisse**
   1. Situation der Zielgruppe(n)
   2. Prognosen über gesellschaftl. Entwicklungen
   3. Voraussichtlicher Bedarf

III. **Leistungen / Angebote**
   1. Wirkungsziele
   2. Leistungsangebote
   3. Einrichtungen / Maßnahmen / Veranstaltungen
   4. Handlungskonzept
   5. Verhalten gegenüber LeistungsempfängerInnen
   6. Qualitätsstandards / Qualitätssicherung

IV. **Finanzen**
   1. Finanzierungsquellen
   2. Vermögenssituation / Liquidität

V. **Personalwesen**
   1. Fachliche Zusammensetzung des Personals
   2. Arbeitsbedingungen
   3. Interessenvertreung der MitarbeiterInnen
   4. Personalentwicklung
   5. Betriebsklima / Unternehmenskultur
   6. (Führungsgrundsätze)

VI. **Umweltbeziehungen**
   1. Allgemeiner Umgang mit anderen Organisationen
   2. Mitgliedschaft in anderen Organisationen
   3. Kooperation mit anderen Organisationen
   4. Kooperation mit staatlichen Trägern und Einrichtungen
   5. Einflussnahme auf die staatliche Sozialpolitik

Abb. 17: Verbandskonzeption bzw. Verbandspolitik

3.3 Die Führungskonzeption bzw. die Führungsgrundsätze

Führung der Führung

„Führung" in einem Unternehmen ist nicht nur Mitarbeiterführung, sondern zugleich Gestaltung und Lenkung der ganzen Organisation, des ganzen Systems (*Ulrich* 1978: 183). Sie besteht in der laufenden Zielsetzung, Planung und Kontrolle der gesamten Organisationstätigkeit. Diese Aufgabe kann nur in einem System arbeitsteiliger Zusammenarbeit aller Führungskräfte wirksam erfüllt werden. Die Führung einer Organisation bildet so gesehen ein Teilsystem derselben, das ebenfalls zu gestalten und zu lenken, zu planen und zu kontrollieren ist. Die Führungskonzeption will, indem sie Organisations- und Führungsgrundsätze festlegt, die Grundlage für eine solche „Führung der Führung" darstellen. (*Ulrich* 1978: 181)

Gerade in sozialen Unternehmen, wo ein ganzheitliches, kooperatives Führungssystem meist fehlt und das Führungsverhalten oft zwischen zentralistisch-autoritärem Bürokratismus und dezentralem laisser-faire hin- und herpendelt, wäre eine solche „Führung der Führung" äußerst wünschenswert.

Die wesentlichen Gliederungspunkte einer Führungskonzeption oder besser „Organisations- und Führungskonzeption" sind (nach *Ulrich* 1978: 191):

Organisationskonzept

1. Der *organisatorische Aufbau* (bzw. das „Organisationskonzept") als formale Grundlage des Führungssystems, wie es sich in Organisationsplänen bzw. Organigrammen und Funktionsdiagrammen niederschlägt. Dazu gehören insbesondere folgende Aspekte:

   ❏ Das Verhältnis von dezentralisierten, operationalen Einheiten mit eigenen Leitungsstrukturen zur zentralen Leitung der Gesamtorganisation,
   ❏ erforderliche zentrale Dienste (Stabstellen),
   ❏ spezielle Strukturen für innovative Aufgaben (sog. Innovationssysteme wie Projektgruppen, Qualitätszirkel etc.)

Führungssystem

2. Das *Führungssystem* als arbeitsteiliges, vernetztes Zielfindungs-, Planungs- und Kontrollsystem. Hierbei könnten für die Industrie entwickelte Management-Modelle, wie das von *St. Beer* (siehe oben S. 31 ff) oder das St. Galler-Modell (siehe oben Abb. 8, S. 36) hilfreiche Anregungen enthalten, die natürlich nicht blind übernommen werden können, sondern an den grundverschiedenen Zweck sozialer Organisationen angepasst und nach der Vielfalt dieser Organisationen mit ihren sehr unterschiedlichen Aufgaben, Formalstrukturen und Größenverhältnissen differenziert werden müssen:

   ❏ So muss jedes Planungs-, Entscheidungs- und Kontrollsystem die notwendige Eigenständigkeit und fachliche Autonomie sozialpädagogischer und therapeutischer Arbeit vor Ort berücksichtigen und verstärkt Formen der Selbstkontrolle und Selbstevaluation entwickeln.

Konzeptionen auf Trägerebene

- ❏ So sollten soziale Einrichtungen je nach Aufgabenstellung und Zielgruppen offen sein für unterschiedliche Formen der Partizipation ihrer BenutzerInnen.
- ❏ Und so werden die notwendigen Führungsebenen sowohl von der formalen Grundstruktur (wie Dachverband oder persönliche Mitgliedschaft), wie von der Größe der Organisation, insbesondere der Anzahl ihrer Tätigkeitsbereiche und Einrichtungen, aber auch von ihrer Zielsetzung und „Philosophie" (z.B. Selbsthilfegruppe oder alternatives Projekt vs. traditionellem Spitzenverband) abhängen.

Trotzdem lassen sich hierzu einige Strukturprinzipien benennen, deren Umsetzung ein wesentlicher Beitrag zur Effektivierung und Qualitätssteigerung sozialer Unternehmen sein könnte, wie: *Strukturprinzipien*

- ❏ *Lean management,* d.h. Reduzierung der Führungsetagen auf das notwendige Minimum von i.d.R. drei (allerhöchstens vier) Ebenen (eine solche Zahl, die für kleine Vereine und Initiativen noch zu hoch wäre, ist für Großverbände und vor allem für den öffentlichen Dienst mit seinen sieben Ebenen bereits eine Provokation); *Lean management*
- ❏ weitestgehende *Dezentralisierung* von Arbeitsbereichen und *Delegation* von Aufgaben, Kompetenzen und Verantwortlichkeiten bei gleichzeitiger *Dezentralisierung Delegation*
- ❏ *Integration* der unterschiedlichen Arbeits- und Führungsbereiche durch Information, Kooperation und Vernetzung sowie
- ❏ *Partizipation* unterer Ebene an Entscheidungen durch Information und Diskussion, einholen von Vorschlägen und Stellungnahmen und d.h. insgesamt: *Partizipation*
- ❏ ein *Führungsverständnis*, das seine zentrale Aufgabe nicht darin sieht, konkrete Arbeitsvollzüge anzuordnen, zu kontrollieren und zu kritisieren, sondern MitarbeiterInnen zu informieren und zu koordinieren, zu motivieren und zu befähigen sowie Ziele zu setzen und ihre Erreichung zu kontrollieren (siehe auch *Schwarz G.* 2001: 122 ff. sowie *Fischer/Graf,* 1998, S. 72ff.)

3. Die *Führungsgrundsätze* i.e.S. bzw. die *Führungsmethodik*, die das Vorgehen und Verhalten umschreibt, das zur Umsetzung des skizzierten Führungssystems erforderlich ist, insbesondere *Führungsgrundsätze*

- ❏ die Kooperation innerhalb des Führungssystems, die hierzu anzuwendenden Techniken der Informationsweitergabe und -verarbeitung, der Planung und Problemlösung;
- ❏ das Verhalten der Führungskräfte gegenüber ihren MitarbeiterInnen bzw. ihr Führungsstil. *Führungsstil*

Dabei könnten folgende Stichworte als Untergliederungspunkte dienen:
- Vorbildfunktion der Führungskräfte
- Führen durch Zielvereinbarung
- Delegation von Verantwortung
- Information und Kommunikation
- Förderung von Kooperation und Teamarbeit
- Beteiligung an Entscheidungen
- Kontrolle und Ergebnissicherung

4. Die Gewinnung und Sicherstellung des erforderlichen *Führungspotenzials* durch

Führungskräfte
- ❏ Anforderungsprofile für Führungskräfte;
- ❏ ihre Auswahl, Qualifizierung und Motivierung (durch Assessment und Nachwuchsförderung, Weiterbildung und Karriereplanung, angemessene Bezahlung und Aufstiegsmöglichkeiten etc.).

Führungskonzeption

Gliederung

I. **Organisationsaufbau**
   1. Operationale Einheiten + Zentrale Leitung
   2. Stabstellen
   3. Innovationssysteme

II. **Führungssystem**

III. **Führungsgrundsätze**
   1. Kooperation im Führungssystem
   2. Führungsverhalten

IV. **Führungspotenzial**
   1. Anforderungsprofil für Führungskräfte
   2. Auswahl, Qualifizierung und Motivierung, von Führungskräften

Quelle: Frei nach: Ullrich, 1978, 191

Abb. 18: Führungskonzeption

Konzeptionen auf Trägerebene

Die Führungsgrundsätze i.e.S. werden oft auch in einem eigenen Papier in Form von Richtlinien und Anleitungen und oft mit leitbildartigen Formulierungen als „Grundsätze für Führung und Zusammenarbeit" für die Führungskräfte niedergelegt.

Hierzu eine Gliederung als Beispiel:

Führungsgrundsätze
Gliederungsbeispiel
Warum und für wen Führungsgrundsätze?
Vorbild sein
Ziele vereinbaren
Aufgaben, Kompetenzen und Verantwortung übertragen
Informieren und kommunizieren
Am Entscheidungsprozess beteiligen
Ergebnisbezogen arbeiten und kontrollieren
Zusammenarbeit fördern

(Führungsgrundsätze der Arbeiterwohlfahrt Bezirksverband Oberbayern e.V. 1998)

Abb. 19: Führungsgrundsätze

4. Das Verfahren der Konzeptionsentwicklung

Im folgenden wird von der **Unternehmenskonzeption** als dem umfassendsten und umfangreichsten Grundsatzdokument ausgegangen. Auf mögliche Unterschiede bei der Entwicklung eines **Leitbildes** wird am Ende dieses Kapitels (S. 92 – 98) hingewiesen.

4.1 Konzeptionsentwicklung als systemischer Prozess

Planungsprozess

Indem Konzeptionen Ziele und strategische Grundsätze für die zukünftige Orientierung einer Organisation aufstellen, vollziehen sie notwendigerweise den gedanklichen Dreischritt der jeder Planung zugrunde liegt:

- Sie stellen eine *Ausgangslage* fest, die sie als veränderungsbedürftig und -würdig beurteilen („Ist-Situation");
- sie formulieren *Ziele* und geben damit die Richtung an, in welche die Ausgangslage verändert werden soll („Soll-Vorstellungen") und
- sie entwickeln Vorschläge dazu, *wie* und *womit* diese Veränderung bewirkt werden soll („Wegbeschreibung" und „Mittel-Bestimmung").

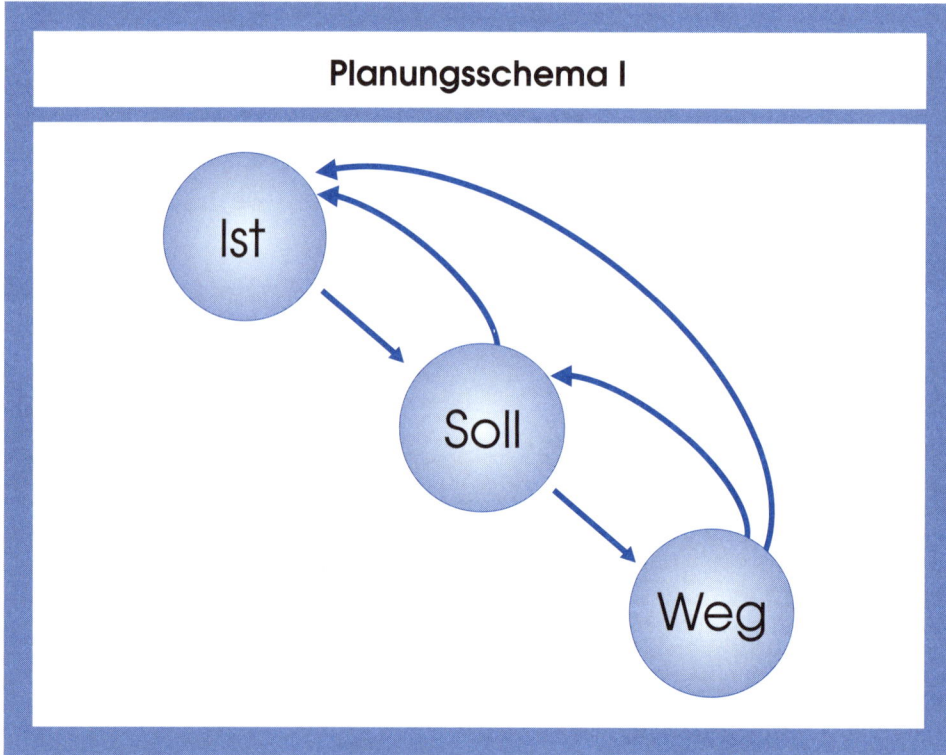

Abb. 20: Planungsschema I

Das Verfahren der Konzeptionsentwicklung

– oder, wenn man die „Mittel" bzw. Ressourcen selbständig neben dem „Weg" berücksichtigt:

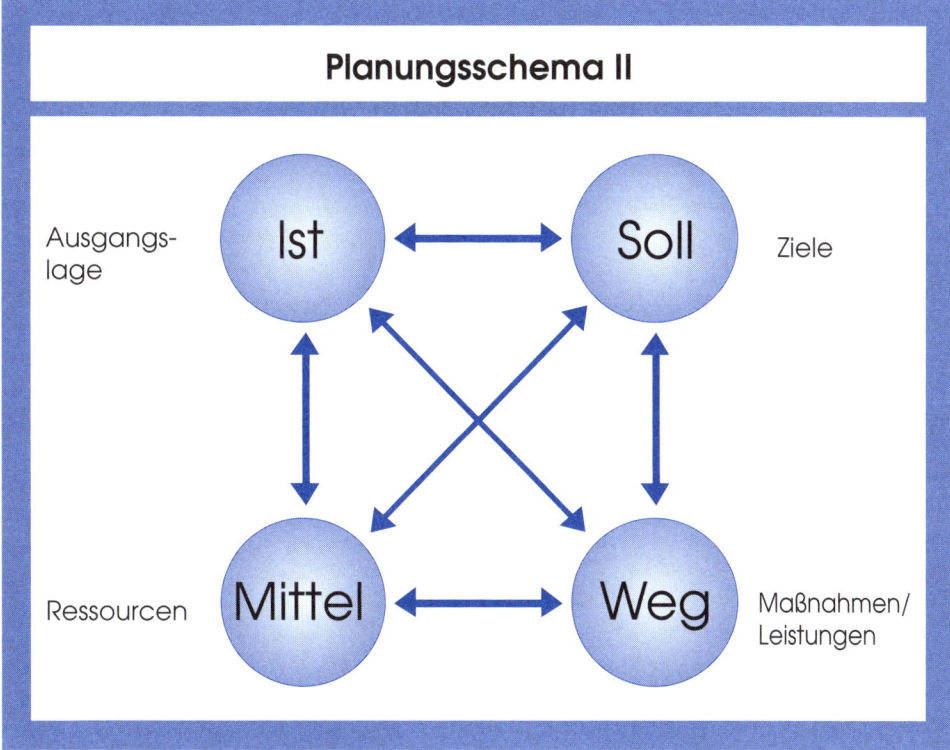

Abb. 21: Planungsschema II

Dieser Dreischritt von Ist – Soll – Weg bzw. der Vierschritt Ist – Soll – Weg und Mittel, kann allerdings, wie die oben stehenden Schemata zeigen, nicht als einmalige, lineare Stufenfolge ablaufen, sondern nur als sog. „iterativer Prozess", d.h. als offenes Verfahren mit ständigen Rückkoppelungen zwischen den verschiedenen Schritten und Wiederholung der Gesamtabfolge. Denn

Iterativer Prozess

❒ eine Erhebung der Ist-Situation wäre ein uferloses Unterfangen ohne eine ungefähre, vorläufige Zielbestimmung, die als erkenntnisleitendes Interesse bei der Auswahl von Information wirkt und die sich auf der anderen Seite erst aufgrund der Ergebnisse dieser Erhebung konkretisieren lässt. Und
❒ eine Zielbestimmung verlöre sich in utopischen Spekulationen ohne eine Rückkoppelung zur Ist-Situation einerseits sowie den Mitteln und Wegen, mit denen sie realisiert werden soll andererseits, und diese Mittel und Wege wären beliebig ohne ständige Überprüfung an den Zielen und unrealistisch und ineffektiv ohne Rückkoppelung zur Ausgangssituation.

Und diese rückgekoppelten Planungsschritte setzen sich ihrerseits jeweils aus sich gegenseitig bedingenden Elementen zusammen, wie das folgende Schema verdeutlicht:

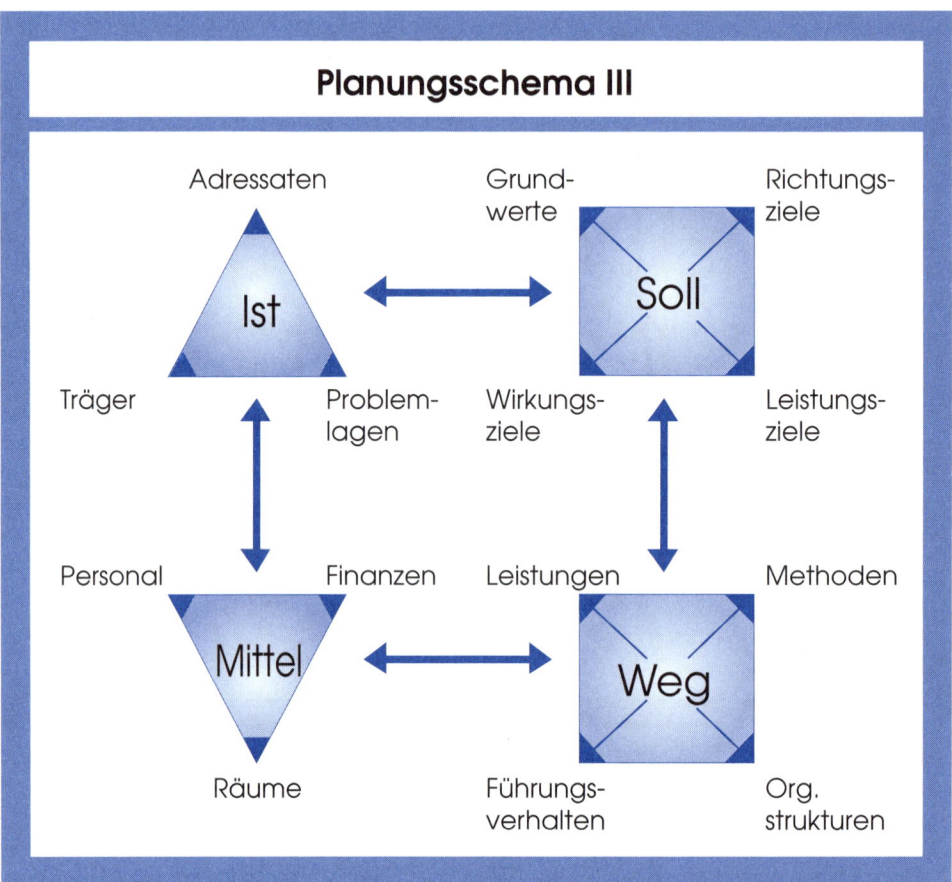

Abb. 22: Planungsschema III

Prozess der Informationsverarbeitung

So stellt sich die Konzeptionsentwicklung für ein soziales System als ein spiralförmig verlaufender Lern- und Entwicklungsprozess und damit selbst als ein dynamisches „System" dar. Und sie kann daher (wie jedes System) als ein laufender Prozess der Informationsverarbeitung und damit als ständiges Wechselspiel von Komplexitätserhöhung durch Eingang und Speicherung von Informationen auf der einen, Komplexitätsreduktion durch Entscheidung auf der anderen Seite gesehen werden: So werden aus der Summe möglicher Informationen über die Organisation und ihre Umwelt bestimmte Daten erhoben und gesammelt, aus denen ein Teil ausgewählt und als zutreffend oder geeignet beurteilt wird, um daraus Konsequenzen für die Zukunft der Organisation, ihrer Ziele und Strategien zu ziehen und diese Ergebnisse dann wieder aufgrund neuer Informationen zu korrigieren.

Das Verfahren der Konzeptionsentwicklung

Auf diesem Hintergrund lassen sich folgende Phasen einer Konzeptentwicklung unterscheiden: *Phasen*

I. Vorbereitung *Vorbereitung*

II. Erarbeitung: Diese Phase umfasst drei Stufen *Erarbeitung*
   1. Informationssammlung und Situationsanalyse,
   2. Zielbestimmung,
   3. redaktionelle Erarbeitung,
   welche sich überlappen und immer wieder gegenseitig rückgekoppelt werden müssen und denen sinnvollerweise die Formulierung einer Vision vorgeschaltet wird (s. S. 72).

III. Umsetzung *Umsetzung*

IV. Kontrolle und Fortschreibung, die wiederum (in verkürzter Form) die vorhergehenden 3 Phasen umfasst usw. *Kontrolle / Fortschreibung*

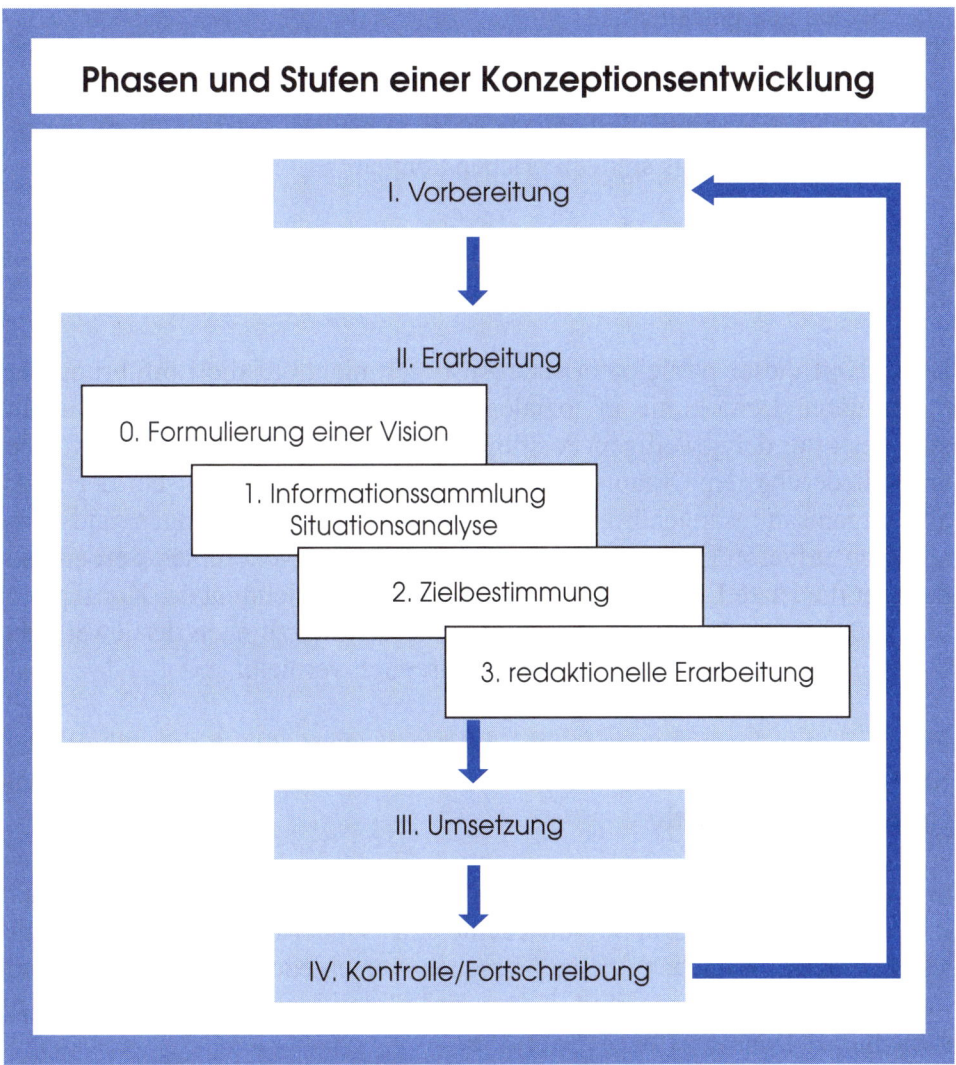

Abb. 23: Phasen und Stufen einer Konzeptentwicklung

Partizipativer Prozess

Ein weiterer wesentlicher Aspekt ergibt sich nach dem hier vertretenen Systembild und dem daraus abgeleiteten Führungsverständnis aus dem Anspruch, die Konzeptionsentwicklung als partizipativen Prozess zu gestalten, an dem möglichst alle interessierten Organisationsangehörigen zu beteiligen sind, um

- einerseits möglichst vielfältige und umfassende Informationen aus der Organisation zu erhalten und
- andererseits die Organisationsangehörigen mit dem Prozess und seinen Ergebnissen zu identifizieren und für ihre Aufgabe in der Organisation zu motivieren.

Dieser Anspruch gilt in besonderem Maße für Fachkräfte in sozialen Unternehmen,

- welche eine Leistung erbringen, die sie im wesentlichen selbständig planen und gestalten,
- deren Arbeitsmotivation und Arbeitsqualität daher ganz entscheidend von ihrer Identifikation mit dieser Arbeit abhängen,
- welche wiederum in hohem Maße davon beeinflusst wird, ob sie diese Arbeit für sich als sinnvoll erleben können.

Ziele und Werte

Dies macht eine offene Diskussion über Ziele und Werte in der Organisation erforderlich.

Dabei läuft dieser partizipatorische Anspruch nicht auf die Einführung der plebiszitären Demokratie in sozialen Unternehmen hinaus, sondern meint eine gestufte, der jeweiligen Position und Verantwortung sowie der Größe und Gliederung der Organisation entsprechende Beteiligung, bei der zwar alle Organisationsangehörigen zum Einbringen von Meinungen und Vorschlägen aufgefordert werden und ihre Beiträge ernstgenommen werden, bei der aber die letzte Entscheidung über die Gesamtausrichtung der Konzeption und über ihre konkrete sprachliche Fassung den hierzu nach der jeweiligen Unternehmensverfassung legitimierten Gremien verbleibt.

Gruppendynamischer Prozess

Durch diesen partizipatorischen Anspruch wird die hohe inhaltliche Komplexität einer Konzeptionsentwicklung durch die soziale Komplexität ergänzt und potenziert:

Sie ist danach nicht nur das geistige Produkt eines Einzelnen oder einer kleinen homogenen Gruppe von Fachleuten, sondern ein gruppendynamischer Prozess zwischen vielen Personen verschiedener Ausbildung und Funktion, Interessenlage und Lebenseinstellung, und damit auch unterschiedlicher Denkstruktur und Sprache.

Das Verfahren der Konzeptionsentwicklung

Daraus ergeben sich folgende Anforderungen an eine erfolgreiche Konzeptionsentwicklung:

1. Sie braucht Zeit, ein Rahmen von 1–2 Jahren dürfte je nach Größe der Organisation in der Regel erforderlich sein. — *Zeit*

2. Sie muss als ein innovatives *Projekt,* als Maßnahme der Personal- und Organisationsentwicklung verstanden und angelegt werden und d.h. konkret: — *Innovatives Projekt*

    ❒ Sie braucht eine organisationsinterne „Projekt- oder Steuerungsgruppe", die möglichst repräsentativ aus allen Ebenen und Bereichen des Unternehmens zusammengesetzt ist.
    ❒ Sie bedarf eines klaren und zugleich flexiblen didaktischen Rahmenkonzeptes, das verschiedene Arbeitsformen (wie Einzelarbeit, Klein- und Großgruppen etc.) verbindet.
    ❒ Die MitarbeiterInnen müssen im Rahmen ihrer dienstlichen Tätigkeit, d.h. unter Anrechnung auf ihre Arbeitszeit, daran teilnehmen können.

3. Eine *Moderation* von außen durch eine(n) erfahrene(n) OrganisationsberaterIn ist zumindest sehr zu empfehlen. — *Moderation*

Die folgenden inhaltlichen und methodischen Anregungen für die Steuerung eines solchen Prozesses der Konzeptionsentwicklung beziehen sich vor allem auf größere Trägerorganisationen mit mehreren Einrichtungen und Arbeitsbereichen.

4.2 Phasen und Stufen der Konzeptionsentwicklung

Phase I: Vorbereitung

Hierzu gehört:

1. Die Einholung eines offiziellen Auftrages bzw. die Absegnung eines Projektes „Konzeptionsentwicklung" durch das hierfür zuständige Organ (Mitgliederversammlung oder Vorstand).

2. Die Bildung einer „Projekt- oder Steuerungsgruppe", die einerseits so repräsentativ wie möglich zusammengesetzt ist, indem in ihr vertreten sind: — *Steuerungsgruppe*

    ❒ ehrenamtliche Mitglieder und hauptamtliche MitarbeiterInnen,
    ❒ alle Führungs- und Mitarbeiterebenen,
    ❒ alle wichtigen Arbeitsbereiche,
    ❒ alle wesentlichen Berufs- bzw. Funktionsgruppen,
    ❒ Frauen und Männer,
    ❒ die MitarbeiterInnenvertretung

und die andererseits von ihrer Größe her noch gut arbeitsfähig ist, was eine Begrenzung auf ca. 12 Personen nahelegt.

Aufgabe Ihre Aufgabe ist eine doppelte:

- den Gesamtprozess unter Einbeziehung möglichst aller Ebenen und Bereiche der Organisation didaktisch zu steuern und hierzu die notwendigen Arbeitsformen wie Befragungen, Arbeitsgruppen, Workshops, Tagungen etc. zu organisieren;
- die inhaltliche Arbeit durch eigene Beiträge und Impulse, durch Veröffentlichung von Zwischenergebnissen, durch Erstellung entscheidungsreifer Vorlagen etc. voranzutreiben.

Voraussetzungen Grundvoraussetzungen hierfür sind:

- dass die Projektgruppe einen klaren Auftrag erhält, der ihre Kompetenzen festlegt und bestimmt, wann und wie sie die obersten Entscheidungsträger der Organisation einzubeziehen haben;
- dass sie über ein Budget verfügt, das sie selbständig verwalten und verbrauchen kann, sowie über die erforderliche Infrastruktur (Schreibkräfte, Arbeitsmaterialien, Räumlichkeiten etc.);
- dass ihre Mitglieder die Bereitschaft und die Fähigkeit mitbringen, eine gemeinsame Sprache und eine konstruktive Streit- und Kooperationskultur zu entwickeln.

Externe Beratung Insbesondere der letzte Punkt legt die Einbeziehung eines/einer unbeteiligten BeraterIn als ModeratorIn der Projektgruppe nahe. Optimal wären zwei BeraterInnen von denen eine(r) eher den inhaltlichen Arbeitsprozess unterstützt, während der/die andere mehr auf die Beziehungsebene und die Dynamik in der Gruppe achtet.

Projektplan Als ersten Arbeitsschritt wird sich die Projektgruppe über Sinn und Zweck der Konzeptionsentwicklung verständigen und daraus einen *Projektplan* erstellen. Dafür könnte als Einstieg ein strukturiertes Brainstorming in Form eines sog. „Mind-Map" hilfreich sein, etwa nach folgendem Beispiel:

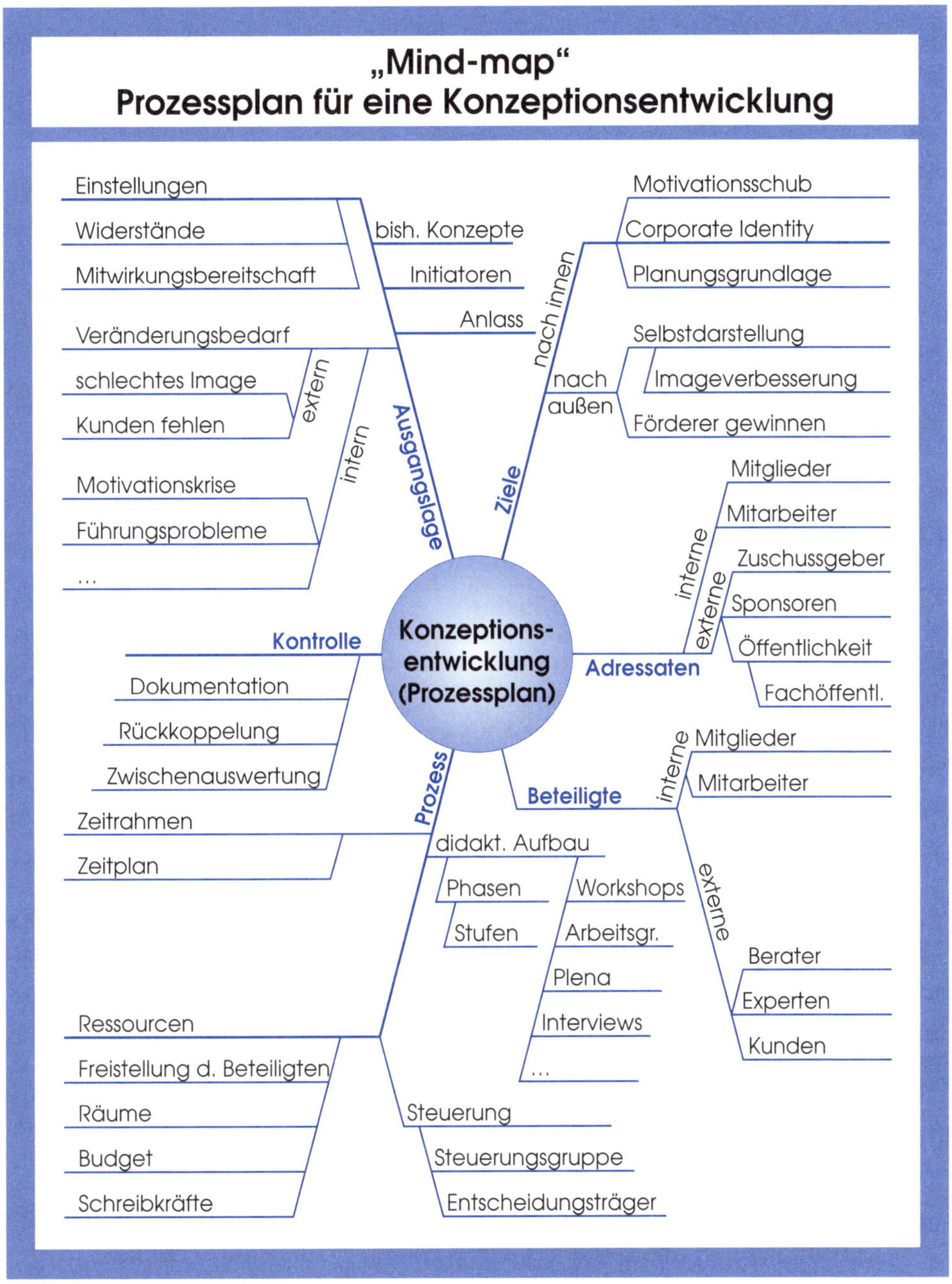

Das Verfahren der Konzeptionsentwicklung

Abb. 24: „Mind-Map" – Prozessplan für eine Konzeptionsentwicklung

(Mit einem „Mind-Map" einer „geistigen Landkarte" wird anhand von thematischen „Ästen" und „Zweigen" eine vorläufige, spontane Ordnung hergestellt und damit ein Überblick verschafft, ohne dabei allerdings den Anspruch an sachlogische Exaktheit in bezug auf Unter- und Oberbegriffe, sowie Zuordnung von Begriffen zu stellen und damit die Spontaneität der Ideensammlung zu blockieren. Ein solches Verfahren kann auch an anderen Stellen der Konzeptentwicklung immer wieder hilfreich sein.)

Didaktisches Rahmenkonzept

Anhand dieser Sammlung kann nun ein didaktisches Rahmenkonzept erstellt werden, welches enthält:

- die wesentlichen Prozessphasen und -schritte,
- die Schnittpunkte für die Rückkoppelung von Zwischenergebnissen und für die Einbeziehung bestimmter Gruppen und Personen,
- die hierzu geeigneten Arbeitsformen (wie Befragungen, Workshops, Arbeitsgruppen etc.).

Ablaufstruktur

Und darauf aufbauend kann dann anhand des vorgegebenen Zeitrahmens eine grobe Ablaufstruktur vorgelegt werden.

Phase II: Erarbeitung

Vorstufe: Formulierung einer Vision

Die logische Reihenfolge wäre zwar nach dem Planungsschema von *Ist – Soll – Weg* die Ist- oder Situationsanalyse. Um die Motivation der Beteiligten zu fördern und ihre Offenheit für Neues, ihre Phantasie und Kreativität zu wecken und zugleich der gemeinsamen Arbeit schon zu Beginn eine Orientierung zu geben, kann es jedoch sehr nützlich sein, vorweg eine gemeinsame *Vision* zu entwickeln.

Die Vision

Eine Vision ist „ein (bildhaftes) Zukunftsgemälde" oder „eine Metapher, die inspiriert und zu einer Kraft in den Herzen der Mitarbeiter werden kann". Sie schafft den „Geist" (engl. „spirit") „sie vitalisiert" ... „baut ein Energiefeld auf", sie „übt einen Sog aus" und erzeugt Lust auf Zukunft" (zur Bonsen 1994, S. 60 ff).

Einzelne Bilder einer Vision könnten z. B. so aussehen:

- „Kinder, Jugendliche und Eltern, die begeistert und dankbar über unsere Leistungen und unser Haus (unsere Trägerorganisation) erzählen."
- „MitarbeiterInnen, die
  - abends zufrieden nach Hause gehen;
  - nach Feierabend und am Wochenende noch genug Energie für ihre Familie und ihre Freunde haben;
  - später mit Stolz und Befriedigung auf ihre Arbeit zurückblicken können".
- „Ein Unternehmen, das auf sicherem Boden steht und den Herausforderungen der Zukunft gewachsen ist".
- „Kollegen, die uns schätzen und sich freuen, mit uns zusammenarbeiten zu dürfen".
- „Mandatsträger, die unsere Arbeit in öffentlichen Reden anerkennen und großzügig Mittel dafür bereitstellen".

Das Verfahren der Konzeptionsentwicklung

Geeignete methodische Schritte zur Entwicklung einer solchen Vision können (auf einer gemeinsamen Sitzung oder einem Workshop) sein:

Methodische Schritte

- ein brain-storming,
- das gemeinsame Malen eines Bildes.
- Vorweg kann eine Meditationsübung oder eine einfache Trance-Induktion hilfreich sein, um die eigene Schere im Kopf (die ständig mahnt: „Das geht doch nicht") zu entfernen und uns für Neues und Ungewohntes zu öffnen, z.B. so:

„Wir stellen uns vor, wir fahren in einer bequemen Kutsche mit vier feurigen Pferden in die Zukunft ... Wir durchqueren einen großen, dunklen Wald und kommen auf eine weite Lichtung. Die Sonne geht auf, die Nebel lichten sich und vor uns erhebt sich ein sanfter Hügel. Was sehen wir da, das möglicherweise mit der Zukunft unserer Einrichtung, mit unseren zukünftigen Zielen und Aufgaben zu tun haben könnte ...?"

Die Entwicklung einer solchen Vision kann allerdings genauso auch den Einstieg in die Zielbestimmung bilden (s. S. 82).

Stufe 1: Informationssammlung und Situationsanalyse

Diese Stufe dient inhaltlich dazu:

- relevante Informationen über die Organisation und ihre Umwelt sowie deren voraussichtliche Entwicklung als Entscheidungsgrundlagen zu sammeln;
- diese Informationen zu sichten und auf ihre Stimmigkeit und Brauchbarkeit hin zu beurteilen;
- sie so zu ordnen und aufzubereiten, dass sie für die Zielbestimmung und anschließende redaktionelle Ausarbeitung eine brauchbare Arbeitsgrundlage darstellen.

Informationen sammeln

Sichten

Ordnen

Darüber hinaus hat sie wesentliche gruppendynamische Funktionen:

- eine einheitliche Sprache, einen gemeinsamen Verständigungskontext zwischen den Beteiligten zu finden;
- die Fähigkeit zur Kommunikation, insbesondere zum gegenseitigen Zuhören und zur Klärung von Missverständnissen, zur Lösung von Konflikten auf der Beziehungsebene, zur klaren und offenen Auseinandersetzung sowie zum tragfähigen Kompromiss, zu entwickeln;
- eine Identifikation mit dem Prozess selbst zu erzeugen.

Ihre wichtigsten Schritte sind: (nach *Ulrich* 1978: 51 ff)

1. Die Klärung des normativen Grundverständnisses in der Organisation

Wertvorstellungen

Einerseits ist es ein Ziel der Konzeptionsentwicklung, eine einheitliche „Unternehmensphilosophie" zu formulieren und d.h. sich auf ein gemeinsames Grundverständnis über Sinn, Zweck und Verhalten der Organisation zu einigen. Andererseits sind die Motive, welche die Organisationsangehörigen bewogen haben, sich in ihr zu betätigen, sehr vielfältig und ihre Einstellungen zur Organisation und deren bisherige Zielsetzung aufgrund unterschiedlicher Weltanschauungen, Lebenserfahrungen und Interessen sehr verschieden. Eine Mindestverständigung über die jeweiligen Wertvorstellungen ist daher zugleich eine wesentliche Grundlage für die spätere Formulierung gemeinsamer Globalziele und Handlungsrichtlinien und eine notwendige Voraussetzung für den weiteren Diskussions- und Arbeitsprozess.

Wertvorstellungs-profil

Hiermit sollte in der Projektgruppe selbst begonnen werden. Ein geeigneter Einstieg hierzu könnte ein *Wertvorstellungsprofil* sein, das von jedem ausgefüllt und anschließend gegenseitig mitgeteilt und miteinander diskutiert wird. Ein beispielhaftes Raster hierfür könnte etwa wie folgt aussehen:

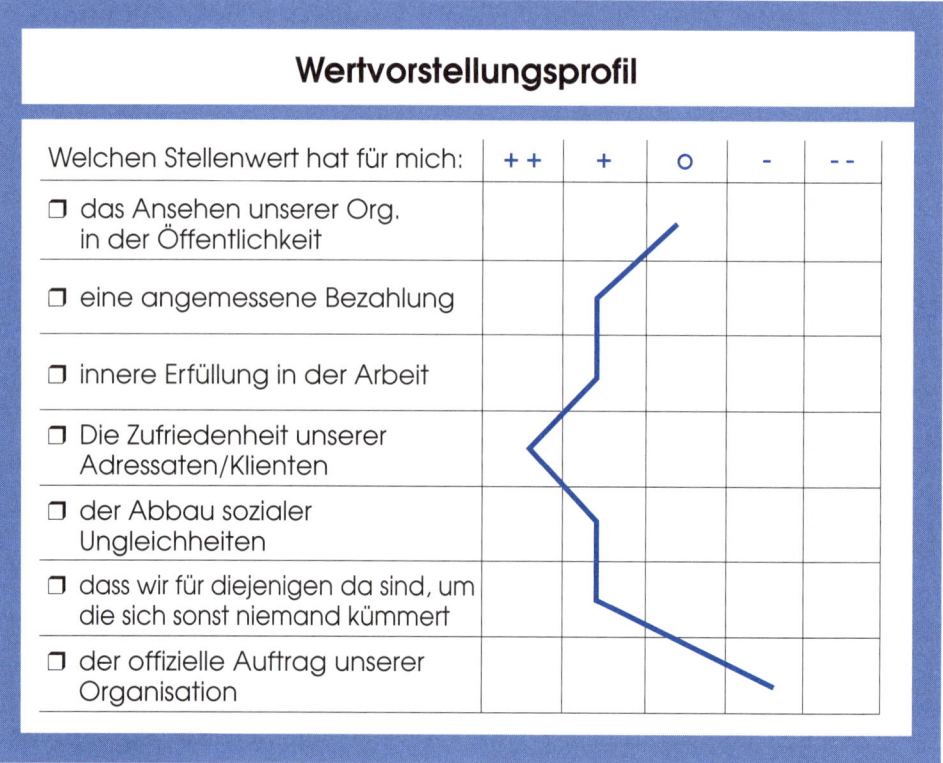

Abb. 25: Wertvorstellungsprofil

Ergebnis der Diskussion müsste die Erarbeitung eines gemeinsamen Katalogs von „Grundwerten" sein. Daran könnte sich eine Diskussion der Projektgruppe mit obersten Entscheidungsträgern über diese Grundwerte an-

Das Verfahren der Konzeptionsentwicklung

schließen, gefolgt von einer repräsentativen MitarbeiterInnenbefragung. Die Ergebnisse müssten in einem Papier „Grundwerte in unserem Unternehmen" zusammengefasst werden.

2. Analyse der Organisation, ihrer Stärken und Schwächen

Stärken und Schwächen der Organisation

Dieser Schritt ist eine notwendige Voraussetzung, um realistische, an den Möglichkeiten der Organisation orientierte Perspektiven entwickeln zu können. Er sollte in folgenden zwei Teilschritten bearbeitet werden:

a. Eine Informationssammlung durch die Steuerungsgruppe bei allen relativ selbständigen Arbeitseinheiten und -ebenen der Organisation (Einrichtungen oder Ämter, Arbeitsbereiche oder Sachgebiete etc.) sowie beim zentralen Management und der Zentralverwaltung und zwar hinsichtlich ihrer

Informationssammlung

- ❐ bisherigen Arbeitsergebnisse,
- ❐ bisher angewandten Strategien/Methoden
  - nach außen gegenüber Adressaten
  - nach innen (insbesondere Kooperation und Teamarbeit/Führungsverhalten),
- ❐ vorhandenen Ressourcen.

Diese Sammlung kann anhand von Unterlagen und Berichten sowie durch Interviews und Gruppengespräche erfolgen: Ihre Ergebnisse müssen von der Projektgruppe vorläufig für den folgenden Teilschritt zusammengefasst werden.

b. Eine Bewertung dieser Informationen anhand einer Stärken- und Schwächenanalyse in getrennten eintägigen Workshops der verschiedenen Arbeitsbereiche und des zentralen Managements. Hierfür bietet sich folgendes Vorgehen an:

Informationsbewertung

- ❐ Sammeln (mit Kärtchen an Pinwand oder mittels „Mind-Map")
  - Was läuft gut?
  - Was läuft schlecht?
- ❐ Überprüfen der Ergebnisse anhand der zusammengefassten Informationssammlung der Projektgruppe.
- ❐ Suche nach Gründen: Woran liegt es? Welche Stärken und Schwächen unserer Organisation/unseres Arbeitsbereiches zeigen sich darin?
- ❐ Herausarbeiten der wesentlichen Stärken und Schwächen.
- ❐ Erstellen eines Stärken- und Schwächenprofils anhand einer Bewertungsskala von 1 (sehr schwach) bis 5 (sehr stark).

Ein geeignetes Instrument ist auch die auf S. 93 dargestellte SWOT-Analyse

Die Ergebnisse von a. und b. sind von der Projektgruppe in einem Bericht zusammenzufassen.

Umweltsituation – Chancen und Gefahren

3. Analyse der Umweltsituation und Prognose ihrer weiteren Entwicklung – Chancen und Gefahren für die Organisation

Dieser Punkt ist aufgrund der Komplexität der Umwelt mit ihrer Unsumme von Faktoren und Wechselbeziehungen eine theoretische Unmöglichkeit und zugleich für die Entwicklung brauchbarer, zukunftsorientierter Orientierungshilfen eine praktische Notwendigkeit. Der pragmatische Ausweg aus diesem Dilemma besteht darin, zu versuchen, ohne den Anspruch auf Exaktheit und Vollständigkeit und gestützt auf die menschliche Fähigkeit Muster wahrzunehmen (*Vester* 1980: 35 ff), wesentliche Strukturen und Entwicklungslinien zu erkennen.

Als Hilfe hierfür ist das folgende Schema gedacht:

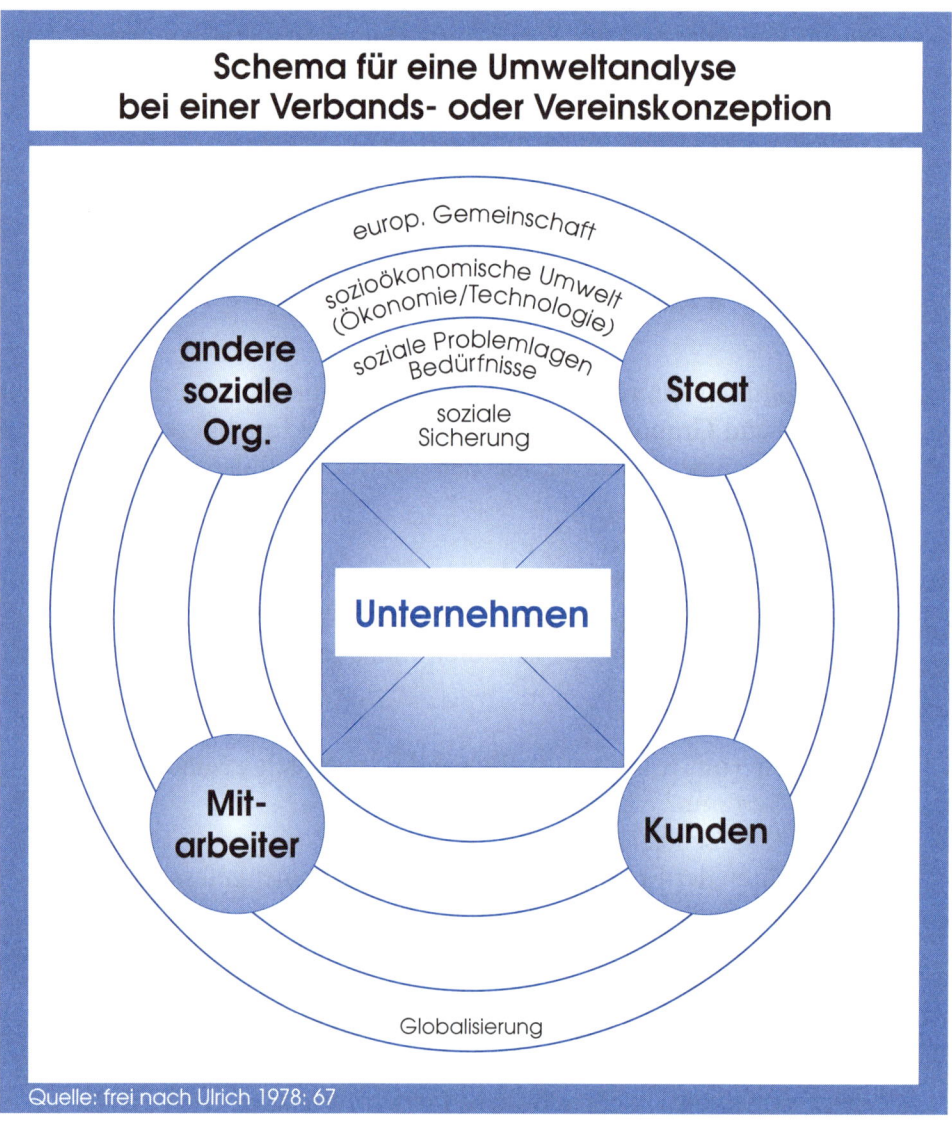

Abb. 26: Schema für eine Umweltanalyse bei einer Verbands- oder Vereinskonzeption

Das Verfahren der Konzeptionsentwicklung

Die Umwelt der Organisation lässt sich danach in bestimmte *Anspruchsträger* einerseits und unterschiedliche *Einflusssphären* andererseits differenzieren:

Anspruchsträger, Einflusssphären

Als wesentliche Institutionen, die Ansprüche an das Unternehmen stellen, lassen sich festhalten:

- der *Staat* mit seiner Sozialpolitik, als deren Umsetzungsorgan er das Unternehmen sieht, von dem er Gesetzesvollzug und sparsame Mittelverwendung sowie einen Beitrag zum sozialen Frieden erwartet;

Staat

- die anderen *Träger sozialer Arbeit,* die als Kooperationspartner und/oder Konkurrenten auftreten und z.B. Unterstützung und Fairness erwarten;

Träger sozialer Arbeit

- die *KundInnen/KlientInnen* mit ihren Problemen und Bedürfnissen, auf die sie eine Antwort erhoffen;

Kunden

- die *MitarbeiterInnen* der Organisation mit ihren eigenen Interessen und Bedürfnissen in bezug auf eine befriedigende Arbeitssituation.

Mitarbeiter

Und die wichtigsten Sphären, die das Zusammenspiel des Unternehmens mit diesen Institutionen und seine zukünftige Entwicklung beeinflussen, sind von „innen" nach „außen", d.h. vom Spezielleren zum Allgemeineren:

- das *System der sozialen Sicherung und Versorgung,* mit seinen wesentlichen Strukturprinzipien, wie dem Subsidiaritätsprinzip;

Soziale Sicherung

- die *sozialen Problemlagen und Bedürfnisse,* auf die das System reagieren soll, die immer eine persönliche Seite haben, mit der sie erst einmal dem Unternehmen begegnen, die zugleich aber mitbestimmt werden durch

Probleme und Bedürfnisse

- das *sozioökonomische Gesellschaftssystem* und seine Entwicklung, als dessen harter Kern Ökonomie und Technologie anzusehen sind, sowie

Gesellschaft

- das Zusammenwachsen einer *europäischen Gemeinschaft und einer globalen Weltgesellschaft,* das diese Entwicklung zunehmend bestimmt.

EU/Weltgesellschaft

Die Chancen und Gefahren für das Unternehmen lassen sich an den Wechselbeziehungen zwischen Ansprüchen und Einflusssphären ablesen, wobei die zentralen Entscheidungslinien zur Zeit wohl bestimmt werden durch das Wechselspiel zwischen

- der Zunahme sozialer Problemlagen und Bedürfnisse auf dem Hintergrund gesamtgesellschaftlicher Entwicklungen wie Pluralisierung und Individualisierung/Auflösung der traditionellen Familie/Umkehrung der Alterspyramide/Auflösung des Normal-Arbeitsverhältnisses und strukturelle Arbeitslosigkeit/Tendenz zur Zwei-Drittel-Gesellschaft etc.

Zunahme sozialer Probleme

Das Verfahren der Konzeptionsentwicklung

Krise des Sozialstaates ❐ der Krise des Sozialstaates zwischen diesen wachsenden Problemen und der Verteuerung und teilweisen Ineffektivität sozialer Leistungen, sowie sinkenden staatlichen Einnahmen aufgrund dieser Probleme einerseits und einer teils legalen teils illegalen Steuerflucht sowie dem Ausgabendruck für den Staat in anderen Bereichen (ökologische Schäden, Modernisierung der Produktion, Aufbau Ost) andererseits;

Veränderungsdruck ❐ dem dadurch und durch die Integration der europäischen Gemeinschaft entstehenden Veränderungsdruck auf das System sozialer Sicherung, insbesondere hin zu einer stärkeren Marktorientierung und Effektivitätskontrolle.

Szenario Eine solche Analyse müsste wegen des erforderlichen Gesamtüberblicks vorrangig von der Projektgruppe geleistet werden, oder von einer durch Hinzuziehung organisationsinterner und evtl. auch externer ExpertInnen erweiterten Gruppe. Methodisch erscheint ein etwas vereinfachtes *Szenario-Verfahren* für diesen Arbeitsschritt besonders geeignet.

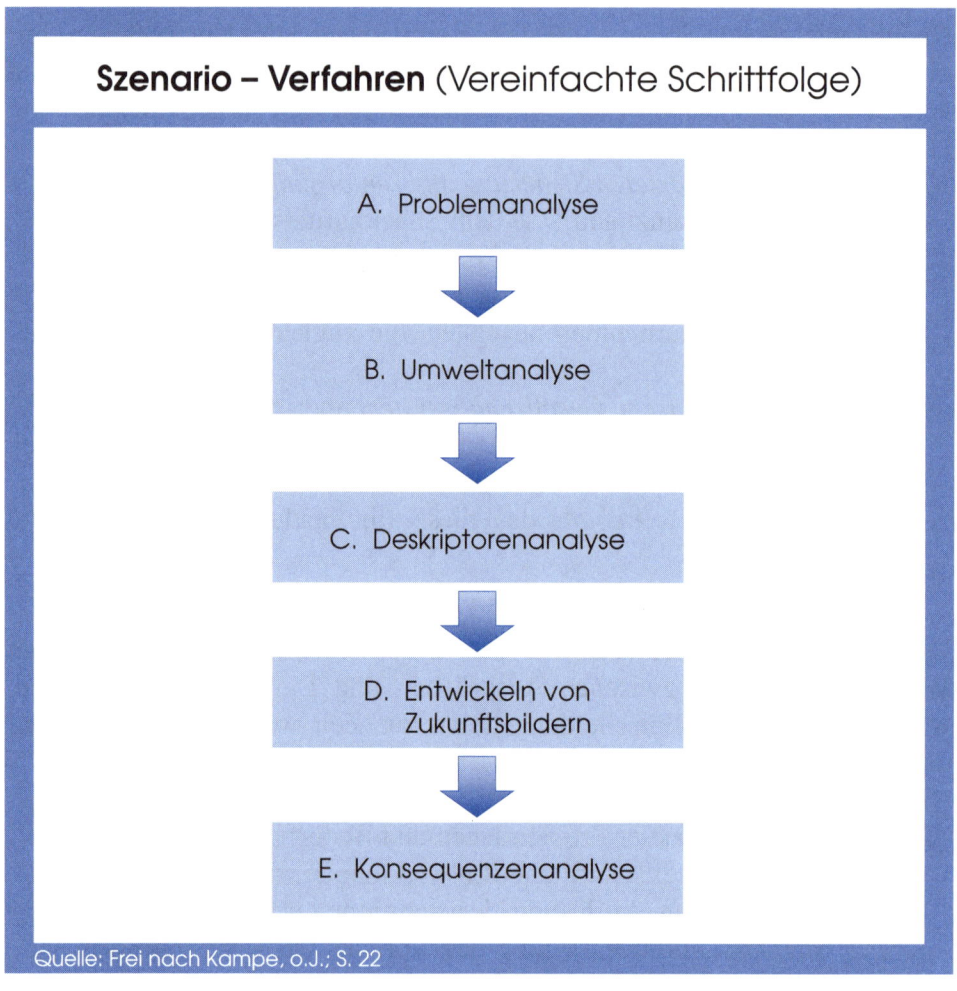

Abb. 27: Szenario – Verfahren

Das Verfahren der Konzeptionsentwicklung

(Das klassische, für die wissenschaftliche und strategische Planung entwickelte und für den hiesigen Zweck daher etwas zu aufwendige und komplizierte Szenario-Verfahren besteht allerdings aus 8 – bzw. mit Vor- und Nachbereitung aus 10 Schritten. S. dazu *v. Reibnitz*, 1991, sowie *Kampe*, o. J.)

a. Eine *Problemanalyse* in bezug auf die gegenwärtige Situation (hier des Unternehmens), die den Ausgangspunkt jedes Szenarios bilden muss, wurde bereits im vorhergehenden Schritt geleistet. Seine Ergebnisse können hier zugrunde gelegt werden.

Problemanalyse

b. Die anschließende *Umweltanalyse* beginnt mit der Suche nach konkreten Einflussfaktoren auf die Zukunft des Unternehmens. Dabei kann von obigem Schema (Abb. 26, S. 76) und den dort genannten Anspruchsträgern und Einflusssphären ausgegangen werden, wobei die Anspruchsträger (Staat/andere Unternehmen/Kunden/MitarbeiterInnen) sowie die erste Sphäre (das System der sozialen Sicherung) selber als Faktoren betrachtet werden können, während die anderen Sphären, noch zu differenzieren wären.

Umweltanalyse

Z. B. die sozioökonomische Sphäre in:

- Wirtschaft
- Technik
- soziale Prozesse (z. B. Individualisierung)
- soziale Einstellungen

oder die sozialen Problemlagen und Bedürfnisse in:

- Armut
- Alter
- Arbeitslosigkeit etc.

Ein anderer, ebenso geeigneter Weg, um Einflussfaktoren zu finden, wäre ein „Mind-Map", mit dem zuerst Faktorenbündel oder Einflussbereiche gesucht, die dann in einzelne Faktoren differenziert werden könnten.

Anschließend sollten, um die Komplexität auf ein vertretbares und praktikables Maß zu reduzieren, diejenigen Faktoren ausgewählt werden (z. B. durch markieren mit Klebepunkten auf einer Wandzeitung), die

- für die Zukunft des Unternehmens von besonderer Bedeutung erscheinen und
- in nächster Zeit voraussichtlich stärkere Entwicklungstendenzen aufzeigen werden.

Schließlich sollte die Wechselbeziehung zwischen den ausgewählten Hauptfaktoren festgestellt werden, wozu sich entweder ein Soziogramm mit Pfeilen unterschiedlicher Stärke oder eine Einflussmatrix anbietet. Hierzu folgendes Beispiel:

Einfluss- oder Vernetzungsmatrix

Einflussbereiche	Arb. losig.	Wirtschaft	Staat	EG	Soz.Unt.	Aktivsumme
Arbeitslosigkeit		1	1	1	2	5
Wirtschaft	2		2	2	1	7
Staat	1	1		1	2	5
EG	1	1	1		1	4
Soziale Unternehmen	1	0	1	0		2
Passivsumme	5	3	5	4	6	

2 = starker Einfluss   1 = schwacher Einfluss   0 = kein Einfluss

Quelle: Frei nach Reibnitz, 1991: 35

Abb. 28: Einfluss- oder Vernetzungsmatrix

Deskriptorenanalyse

c. Als nächster Schritt sind die wesentlichen Deskriptoren d.h. die Kenngrößen zu erfassen, an denen sich globale Tendenzen ablesen lassen, wie z.B.

- ❏ die wirtschaftliche Entwicklung (an Konjunkturdaten, Produktivitätszahlen etc.);
- ❏ die gesamtgesellschaftliche Entwicklung (Individualisierung, Auflösung der Familie, z.B. an Haushaltsgrößen, Scheidungszahlen etc.);
- ❏ die Entwicklung sozialer Problemlagen (Arbeitslosen- und Obdachlosenzahlen, Altersaufbau etc.);
- ❏ die Entwicklung der staatlichen Sozialpolitik (weitere Einsparungen, strukturelle Reformen, neue Gesetze).

Diese Deskriptoren sind darauf hin zu überprüfen, ob sie in ihrer Entwicklung *eindeutig* verlaufen (so voraussichtlich die weitere Individualisierung und die weitere Verschiebung des Altersaufbaus) oder ob sie offen sind für alternative Entwicklungen (z. B. die Sozialpolitik: weiterer Sozialabbau oder Fortentwicklung des Sozialstaates? Steigerung oder Rückgang der Arbeitslosenzahlen?).

d. Aus dem bisherigen Material sind nun *alternative Zukunftsbilder* zu entwickeln, indem

Alternative Zukunftsbilder

- die für alternative Entwicklungen offenen Deskriptoren auf ihre gegenseitige Beeinflussung (Neutralisierung – Abschwächung – Verstärkung) untersucht werden und sich gegenseitig verstärkende Deskriptoren zu Entwicklungsbündeln zusammengefasst werden,
- um dann unter Einbeziehung der eindeutigen Deskriptoren und projiziert auf einen ungefähren Zeitpunkt (z. B. auf das Jahr 2010) zwei extrem gegensätzliche Szenario-Alternativen zu erarbeiten und möglichst anschaulich d.h. bildhaft zu beschreiben.

e. Aus diesen gegensätzlichen Bildern sind schließlich mögliche *Konsequenzen* für das Unternehmen zu ziehen und daraus zukünftige *Chancen* und *Gefahren* abzuleiten.

Konsequenzen

4. Ergebnisse der drei Schritte

Die Ergebnisse der drei Schritte Wert-, Unternehmens- und Umweltanalyse sind nun von der Projektgruppe in einer „zukunftsbezogenen Gesamtbeurteilung der Ausgangslage" (*Ulrich* 1978: 88) zusammenzufassen:

Gesamtbeurteilung der Ausgangslage

Durch das Szenario-Verfahren, das von der Unternehmensanalyse ausgeht und mit einem umweltbedingten Chancen- und Gefahrenkatalog für das Unternehmen endet, ist hierfür bereits wesentliche Vorarbeit geleistet. Nun geht es nur noch darum, diesen Katalog mit dem Stärken- und Schwächenprofil über das Unternehmen rückzukoppeln und beides auf die zentralen Wertvorstellungen im Unternehmen zu beziehen, um dann vorläufige Aussagen darüber treffen zu können, welche für das Unternehmen wünschenswerten Entwicklungen es durch welche Grundzüge einer neuen Unternehmenspolitik aufgreifen und fördern kann.

Grundzüge einer neuen Unternehmenspolitik

Das Ergebnis müsste in einem Papier für alle am Prozess der Konzeptionsentwicklung Beteiligten niedergelegt werden. Bei dieser ersten organisationsinternen Veröffentlichung wird die Konsensfähigkeit der Projektgruppe erstmals auf eine harte Probe gestellt. Im ganzen Unternehmen strittige Punkte sollten dabei allerdings auch als solche, mit Meinung und Gegenmeinung, wiedergegeben werden.

Stufe 2: Zielbestimmung

Hier ist die zentrale Stelle jeder Konzeptionsentwicklung, hier werden die entscheidenden Weichen gestellt, die Grundsatzentscheidungen für das gesamte Vorhaben getroffen. Denn da „Ziele" hier nicht nur im Sinne von obersten Leit- oder Richtungszielen, sondern von anzustrebenden zukünftigen Zuständen des Unternehmens und seiner Zielgruppen zu verstehen sind (siehe oben S. 44 ff), fallen darunter auch globale Aussagen über zukünftige Leistungen und Einrichtungen, über das gewünschte Verhalten gegenüber Adressaten, MitarbeiterInnen und anderen Organisationen im Umfeld sowie über die dadurch zu erzielenden Wirkungen.

Einbeziehung der Entscheidungsträger

Da gerade die Festlegung von Zielen die zentrale Führungsaufgabe ist, die auch nach dem hier vertretenen partizipativen Führungsverständnis, – trotz umfassender Beteiligung aller Unternehmensebenen und -bereiche –, letztlich nur von einer Gruppe oberster Entscheidungsträger wahrgenommen werden kann, ergibt sich daraus für die Projektgruppe die Notwendigkeit, diese Entscheider zu Beginn der Zielbestimmung einzubeziehen.

Folgende Schrittfolge ist für das konkrete Vorgehen sinnvoll:

- Erstellen eines Erstentwurfs für einen Zielkatalog durch die Projektgruppe.
- Diskussion dieses Erstentwurfs mit den obersten Entscheidern.
- Formulieren einer Vorlage für die weitere Diskussion im Unternehmen mit der Aufforderung zu einer Stellungnahme an alle MitarbeiterInnen.
- Diskussion in den verschiedenen Arbeitsbereichen/Abgabe von Stellungnahmen.
- Formulieren eines Zielkatalogs durch die Projektgruppe.

Sollten die Stellungnahmen aus dem Unternehmen jedoch wesentliche Abweichungen von der mit den obersten Entscheidern abgestimmten Vorlage enthalten, müßte zwischen Schritt 4 und 5 eine nochmalige Diskussion mit ihnen zwischengeschaltet werden.

Ziel-Systeme

Mit dem Erstellen eines Zielkatalogs steht die Projektgruppe vor einer schwierigen Aufgabe: Ziele bilden selber hochkomplexe, geistige Systeme, bei denen die einzelnen Elemente in bestimmten Beziehungen zueinander stehen und dadurch bestimmte Strukturen und Ordnungen bilden:

- zum einen stehen sie in einem Verhältnis der Über- und Unterordnung und bilden somit eine Rangordnung (die sprachlich z. B. mit Begriffen wie „Globalziele", „Leistungsziele", „Mittel und Wege" gefasst werden kann, siehe oben S. 46 ff).

❏ zum anderen wirken sie in unterschiedlicher Weise aufeinander ein, sei es dass sie sich gegenseitig ergänzen und fördern, dass sie in Konflikt zueinander stehen oder sich gegenseitig gar ausschließen oder sei es, dass sie sich neutral zueinander verhalten.

Andererseits sind diese Strukturen nicht eindeutig und objektiv, sondern kontextgebunden, abhängig von den eine Gesellschaft prägenden und durch sie geprägten Welt- und Lebensanschauungen, von dem in einer Organisation herrschenden Werte- und Normensystem, der sog. „Kultur", aber auch von den individuellen Lebensanschauungen, Wertvorstellungen und Interessen der einzelnen Personen. Dies macht Zieldiskussionen oft so mühsam und irritierend – weswegen sie nicht selten zugunsten von einem Konsens auf der pragmatischen Handlungsebene ausgelassen werden, um dann allerdings bei den ersten ernsthaften Konflikten festzustellen, dass dieser pragmatische Konsens nicht mehr trägt, weil keine verbindliche Zielabsprache getroffen wurde!

Zieldiskussionen

Hier gehen wir davon aus, dass die Projektgruppe durch das Formulieren einer ersten Vision und/oder die Wertediskussion zu Beginn ihrer Arbeit (siehe oben S. 72 ff) sowie durch die bisherige Dauer ihrer Zusammenarbeit

❏ zum einen eine relativ hohe sprachliche Übereinstimmung erzielt hat, welche Konflikte und Mißverständnisse aufgrund unbewusster Sprachunterschiede weitgehend ausschließt;
❏ zum anderen einen Grad der gegenseitigen Offenheit erreicht hat, durch den das größte Hemmnis für konstruktive Zieldiskussionen, das Verstecken der eigenen Interessen hinter vorgeschobenen Wert- und Zielaussagen, weitgehend beiseite geräumt ist.

Trotzdem bleibt die Zielbestimmung in einer Projektgruppe aufgrund der verschiedenen Interessenlagen und Legitimationserfordernisse der einzelnen Mitglieder, die ja immer auch Vertreter unterschiedlicher Gruppen im Unternehmen sind, und aufgrund der logischen Mehrdeutigkeit von Zielzuordnungen, ein nicht einfaches Unterfangen, dessen Schwierigkeitsgrad insbesondere davon abhängt,

Verschiedene Interessenlagen

❏ wie kontrovers oder vereinbar die bisherigen Positionen in der Gruppe waren und wie konflikt- oder konsensorientiert der bisherige Kommunikationsstil war, was wiederum mitbestimmt wird davon,
❏ wie schwer die Probleme und wie massiv die Konflikte im Unternehmen sind, die durch den bisherigen Prozess der Konzeptentwicklung deutlich wurden und
❏ wie grundlegend, wie radikal die Neuorientierung ist, die aufgrund der Situationsanalyse für das Unternehmen als notwendig erscheint.

Je nach Intensität dieser Kriterien werden in folgendem mehrere Varianten für den ersten Schritt einer Zielbestimmung innerhalb der Projektgruppe vorgeschlagen, angefangen von der aufwendigsten und umfangreichsten bis zur einfachsten:

Variante I: Bei hoher Konfliktträchtigkeit innerhalb der Projektgruppe und im Unternehmen, sowie Bedarf nach grundlegender Neuorientierung.

Teil 1:

Zukunftswerkstatt Entwicklung einer genaueren Zukunftsvision für das Unternehmen mit der Methode der „Zukunftswerkstatt" in einer erweiterten Zusammensetzung der Gruppe (in etwa wie beim Szenario, siehe oben S. 78). Die üblichen Phasen und Schritte einer Zukunftswerkstatt sind:

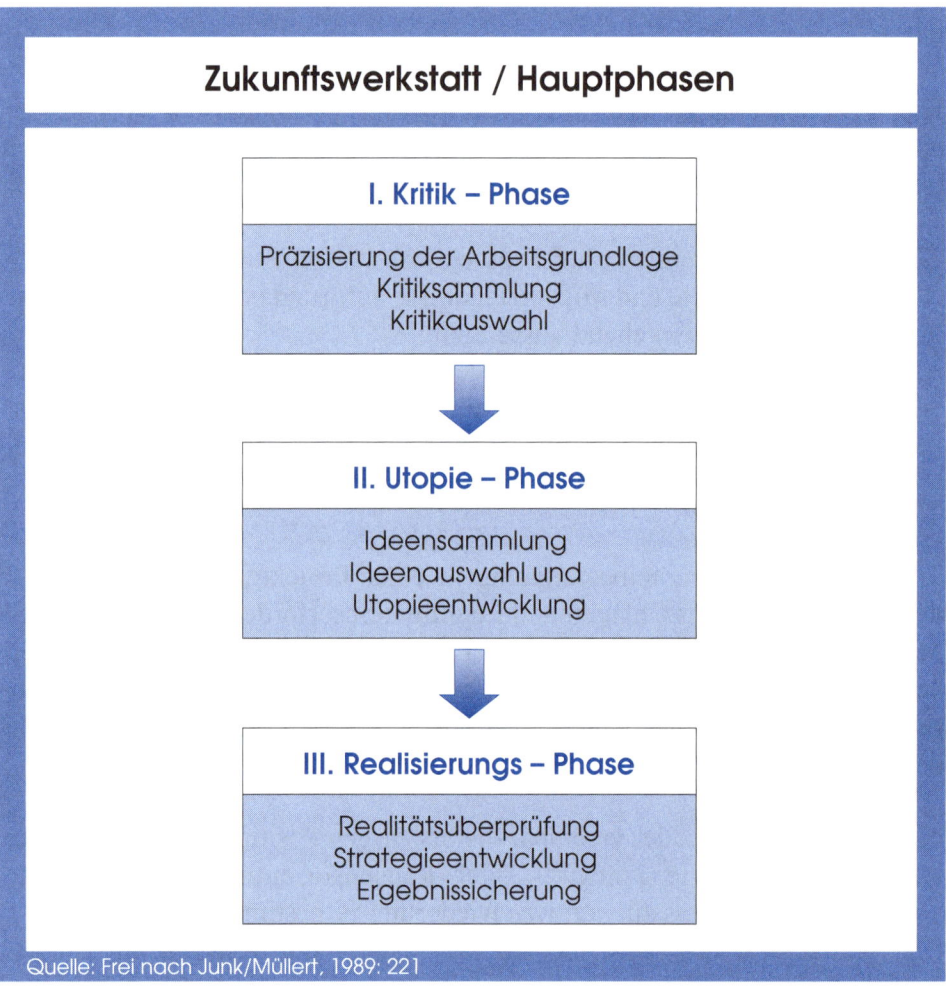

Abb. 29: Zukunfswerkstatt / Hauptphasen

Das Verfahren der Konzeptionsentwicklung

Dieses Schema kann für unseren Zweck etwas verkürzt werden.

1. Die **Kritikphase** ist durch die Arbeit in Stufe 1 bereits geschehen. Die Projektgruppe sollte lediglich als Vorbereitung die wesentlichen Ergebnisse der Organisations- und Umweltanalyse (insbesondere den Stärken- und Schwächenkatalog, sowie die Chancen- und Gefahrengegenüberstellung) gut visualisieren und zu Beginn der Werkstatt präsentieren.

   Kritikphase

2. Die **Utopiephase** sollte ablaufen, wie in jeder Zukunftswerkstatt (siehe z.B. Kampe 16 ff). Dabei ist besonders darauf zu achten,

   Utopiephase

   ❒ dass zu Beginn einige Aufwärmübungen (Spiele, Kreativitätsübungen oder Meditationen) angeboten werden, die den Teilnehmern die Möglichkeit bieten, Abstand vom Alltag, seinem Druck, seinen Zwängen und Begrenzungen zu gewinnen, die „Schere im eigenen Kopf" zu entfernen und die eigene Phantasie und Kreativität zu wecken und dabei gleichzeitig die Kommunikation und Kooperation in der Gruppe zu fördern. Besonders geeignet sind hierfür nach unserer Erfahrung psychodramatische Gruppenspiele, in denen die Teilnehmer sich in einer anderen Realität und in anderen Rollen bewegen und begegnen (z.B. als Schiffsmannschaft, als Gegenstände in einem Museum – wobei ein Rahmen gewählt werden könnte, der die augenblickliche Realität des Unternehmens besonders gut symbolisch widerspiegelt), oder die Formulierung einer Vision, wie auf S. 72 beschrieben.

   Psychodramatische Gruppenspiele

   ❒ dass bei der anschließenden Ideensammlung mittels Brainstorming oder Mind-Map die Regeln des „Kritikverbots" und des „Diskussionsverzichts" strikt eingehalten werden,

   ❒ dass die daraus zu entwickelnden utopischen Entwürfe in drei bis vier Untergruppen erarbeitet werden und zwar in einer anschaulichen Form (Collage, Bild, technische Konstruktion, Sketch oder Rollenspiel etc.) für eine lebendige Präsentation in der Gesamtgruppe.

3. Die **Realisierungsphase** könnte sich auf eine Überprüfung der erarbeiteten Entwürfe auf ihre Realisierbarkeit beschränken, da eine Strategieentwicklung i.e.S. hier noch nicht angesagt ist; um daraus dann ein oder zwei möglichst „realutopische" Entwürfe auszuwählen oder zu kombinieren und in einer bildhaften Beschreibung festzuhalten.

   Realisierungsphase

Für eine solche Werkstatt müßte ein voller Tag ausreichen, wobei ein geeigneter Tagungsort, der die Distanzierung vom Alltag erleichtert, auszuwählen und ein/e erfahrene/r ModeratorIn zu engagieren wäre.

Das Verfahren der Konzeptionsentwicklung

Teil 2:

Zielkatalog Erstellen eines vorläufigen Zielkatalogs durch die Projektgruppe (für eine anschließende Abstimmung mit den obersten Entscheidern, siehe oben S. 82).

1. Schritt:
Sammeln von Zielvorschlägen, die aufgrund der bisherigen Konzeptionsarbeit in Frage kommen, und Sortieren dieser Vorschläge in Richtungs-, Wirkungs- und Leistungsziele, siehe oben S. 46).

Methode:
Entweder offenes Brainstorming mit anschließender Zuteilung zu den drei Kategorien, oder nach diesen Kategorien vorstrukturiertes Brainstorming mit anschließender kritischer Durchsicht der Zuordnungen.

2. Schritt:
Auswahl von Zielen nach ihrer positiven Bedeutung für die Zukunft der Organisation.

Methodisches Vorgehen:
1. Streichen der Ziele, die ohne große Diskussion übereinstimmend als ungeeignet/unwichtig angesehen werden.

Zielbewertungsmatrix 2. Individuelle und gemeinsame Bewertung mittels einer Zielbewertungsmatrix nach folgendem Vorgehen

- Auflisten der Ziele in beliebiger Reihenfolge
- Jeder Teilnehmer gibt jedem Ziel eine Bewertung von +3 bis –3 und zwar aus seiner eigenen Sicht und der vermuteten Sicht der anderen Teilnehmer.
- Die Ergebnisse der Einzelbewertungen werden auf einem großen Gesamtraster visualisiert und anschließend diskutiert.

Das Verfahren der Konzeptionsentwicklung

Hierzu in folgendem ein beispielhafter Raster, einfachheitshalber für 4 Teilnehmer:

Zielbewertungs-Matrix

Ziele	Beteiligte Personen											
	A – Aus der Sicht von			B – Aus der Sicht von			C – Aus der Sicht von			D – Aus der Sicht von		
	A	B	C	D	A	B	C	D	A	B	C	D
1.												
2.												
3.												
4.												
5.												

3 bzw. + + +   = sehr wichtig
2 bzw. + +   = wichtig
1 bzw. +   = mäßig wichtig
0   = gleichgültig
-1 bzw. -   = nicht sehr geeignet
-2 bzw. - -   = ungeeignet
-3 bzw. - - - = völlig ungeeignet

Abb. 30: Zielbewertungs-Matrix

Bei der Diskussion der Ziele muss versucht werden, Übereinstimmung zu erzielen über aufzunehmende und auszuschließende Ziele. Ein wesentliches Kriterium bei dieser Diskussion muss die Frage der Beziehung der Ziele zueinander sein, d.h. in wieweit sie sich ergänzen oder widersprechen.

3. Schritt:
Bilden einer Rangordnung der Ziele

Methodischer Vorschlag:
Soziodramatisches Spiel:

Soziodramatisches Spiel

Die Teilnehmer nehmen die Rollen einzelner Ziele ein und versuchen, sich im Raum – nachdem „oben" und „unten" festgelegt wurde – entsprechend zu postieren. Hierbei können sie mit anderen diskutieren, verhandeln, sich streiten usw. und dabei ihre Position verändern. Auch muss hierbei neben der Frage der Rangordnung nochmals die Frage der Ergänzung und des Wider-

spruchs von Zielen angesprochen werden, soweit dies im zweiten Schritt teilweise übersehen oder nicht deutlich genug wurde. Insofern ist der dritte Schritt auch eine vertiefende Wiederholung des zweiten. Bei diesem Spiel müssen Richtungs-, Wirkungs- und Leistungsziele unbedingt gemeinsam „auf der Bühne" sein.

4. Schritt:
Erstellen eines endgültigen Kataloges

Methode:
Diskussion

Führungsverhalten als Problem

Eine Ergänzung und Modifikation dieses Verfahrens erscheint notwendig, falls sich die Frage des Führungsverhaltens und des gesamten Führungssystems bei der Organisationsanalyse als zentrales Problem herausgestellt haben sollte. Denn dann müsste der Bearbeitung dieses Themas auch im Rahmen der Zielbestimmung ein gesonderter Raum gegeben werden.

So könnte z. B. eine eigene Zukunftswerkstatt mit Führungskräften aus allen Führungsebenen der Entwicklung eines neuen Führungsleitbildes und -systems gewidmet sein.

Ist das Thema sehr „heiß" bzw. sind die Konflikte und die Widerstände besonders groß, müsste die Konzeptentwicklung spätestens an dieser Stelle in eine gründlichere Bearbeitung des Führungsthemas im Rahmen einer umfassenden Organisationsentwicklungsmaßnahme einmünden.

Ein guter **gemeinsamer Einstieg in die beiden Stufen Situationsanalyse und Zielbestimmung** könnte eine sog. *SWOT-Analyse* (bzw. *SPOT-Analyse*) sein, wie auf S. 93 beschrieben.

Stufe 3: Redaktionelle Bearbeitung

Nachdem die Ausgangslage analysiert ist und die Ziele bestimmt sind, geht es nun darum,

- die übrigen Konzeptionselemente daraus abzuleiten und darauf rückzubeziehen (was hinsichtlich der Ziele zwar nicht zu einer völligen Neuorientierung, aber unter Umständen zu einer nochmaligen Differenzierung oder Modifizierung führen kann),
- diese Elemente wechselseitig aufeinander abzustimmen und
- das ganze logisch und übersichtlich aufzubauen und in eine angemessene sprachliche Form zu bringen und damit
- entscheidungsreife Vorlagen für das oberste Beschlussgremium zu erstellen.

Das folgende Schema soll diese Beziehung der verschiedenen Konzeptionselemente nochmals verdeutlichen:

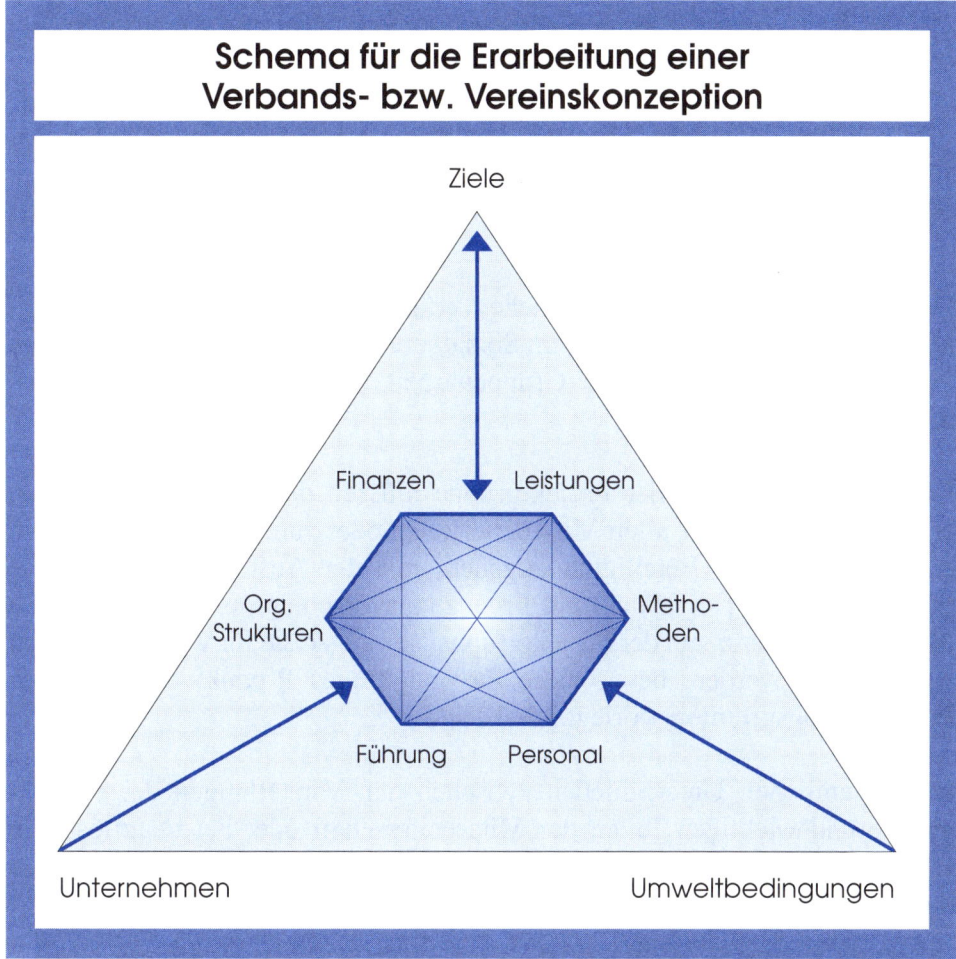

Abb. 31: Schema für die Erarbeitung einer Verbands- und Vereinskonzeption

Aufgrund der gegenseitigen Abhängigkeit aller Konzeptionselemente werden bei der Situationsanalyse und Zielbestimmung auch die anderen Elemente bereits aufgetaucht und angesprochen worden sein, so dass ausreichend Material für die redaktionelle Arbeit vorhanden sein dürfte, sofern bei den vorhergehenden Stufen gut dokumentiert wurde.

Für den Aufbau der Konzeptionen soll die oben (Abb. 17, S. 59) vorgeschlagene Gliederung als Anregungen bzw. Hilfen dienen, die je nach Gegebenheiten der einzelnen Organisationen zu modifizieren ist.

Das Verfahren der Konzeptionsentwicklung

Für das konkrete Vorgehen ist ein ständiger Wechsel von Einzel- und Gruppenarbeit zu empfehlen, in der Weise, dass

Effektive Redaktionstätigkeit

- in der Gruppe die Grundrichtung festgelegt wird und Arbeitsaufträge verteilt werden,
- die dann von verschiedenen Mitgliedern in Einzelarbeit ausgeführt und
- der Gruppe wieder vorgelegt, dort diskutiert und falls erforderlich
- nochmals zur Überarbeitung zurückgegeben
- und schließlich gemeinsam verabschiedet werden.

Dieses eigentlich selbstverständliche Verfahren effektiver Redaktionstätigkeit wird hier wegen der gerade im Sozialbereich verbreiteten, zeitraubenden Unsitte, Texte gemeinsam in Gruppenarbeit formulieren zu wollen, ausdrücklich erwähnt.

Partizipationen

Die fertigen Vorlagen der Projektgruppe müssen dann, falls Partizipation ernsthaft gewollt wird, allen MitarbeiterInnen oder zumindest allen aktiv am bisherigen Prozess Beteiligten zugehen, mit der Aufforderung, kritische Stellungnahmen, Korrektur- und Ergänzungsvorschläge einzureichen. Und diese müssten dann von der Projektgruppe, soweit sie sie für wichtig erachtet, eingearbeitet werden, bevor diese ihr endgültiges Produkt dem obersten Entscheidungsgremium vorlegt.

Bei wesentlichen Unterschieden zwischen den Vorstellungen der Projektgruppe und wichtigen Teilen der Mitarbeiterschaft oder bei unauflösbaren Differenzen innerhalb der Projektgruppe kann es auch sinnvoll sein, zu diesen Punkten Alternativvorschläge zu formulieren.

Mit der Verabschiedung durch das zuständige Entscheidungsgremium endet die Entwicklungsphase und es beginnt die Phase der Umsetzung in die konkrete Alltagswirklichkeit des Unternehmens.

Phase III: Umsetzung

Konzeptionen als gelebte Realität

In dieser Phase entscheidet sich, ob die erarbeiteten und verabschiedeten Konzeptionen – wie so häufig in der Praxis – auf dem Papier stehen bleiben und nur bei Festreden sowie bei Auseinandersetzungen um öffentliche Mittel zitiert werden, oder ob sie zur gelebten Realität einer Organisation werden.

Da Konzeptionen keine unmittelbar in Handlungen umsetzbaren Beschlüsse und Weisungen enthalten, keine direkt vollziehbaren Pläne darstellen, sondern „nur" Handlungsrichtlinien und Planungsvorgaben, hängt ihre Umsetzung von der Einsicht, der Motivation und dem Engagement der MitarbeiterInnen auf allen Ebenen des Unternehmens ab.

Das Verfahren der Konzeptionsentwicklung

An ihnen liegt es daher,

- ob die formulierten Ziele als Richtlinien in die Planung einfließen und auf diesem Wege in die konkrete Tätigkeit des Unternehmens umgesetzt werden und
- ob die aufgestellten Verhaltensregeln in das Alltagshandeln der Organisation Eingang finden und ihre Kultur prägen.

Eine zentrale Rolle spielen dabei das Verhalten der Führungskräfte und die Implementierung eines dezentralisierten, integrativen und partizipativen Führungssystems, das gleichzeitig selber ein wichtiges konzeptionelles *Ziel* und das entscheidende *Mittel* zur Umsetzung der Konzeption und ihrer Ziele darstellt.

Verhalten der Führungskräfte

Die Information der MitarbeiterInnen auf allen Ebenen und in allen Arbeitsbereichen über die Intentionen und Inhalte der Konzeption durch die jeweils verantwortlichen LeiterInnen und die Diskussion über deren Umsetzungsmöglichkeiten vor Ort, stellen daher den ersten wichtigen Umsetzungsschritt dar.

Information der MitarbeiterInnen

Gleichzeitig aber wird an dieser Stelle nochmals deutlich, dass die Chance der Verwirklichung von Konzeptionen und ihrer Umsetzung in das Alltagsleben von Organisationen desto höher ist, je stärker Führungskräfte und MitarbeiterInnen bereits bei ihrer Entwicklung mitgewirkt und dadurch die Möglichkeit erhalten haben – sozusagen im Vorgriff – neue, kommunikative Verhaltensweisen zu praktizieren und neue, partizipative Strukturen zu erproben.

Phase IV: Kontrolle und Fortschreibung

Die erstellten Konzeptionen sollten in regelmäßigen Abständen (ca. alle 2 bis 3 Jahre) im Wege der Selbstevaluation darauf hin überprüft werden,

- wie weit die Umsetzung in die Realität des Unternehmens gelungen ist und
- inwieweit sie noch den Anforderungen der Umwelt entsprechen,

um daraus notwendige Ergänzungen und Korrekturen abzuleiten.

Damit wird gleichzeitig den MitarbeiterInnen und der Öffentlichkeit die Ernsthaftigkeit und Bedeutung dieser Konzeptionen für das Unternehmen verdeutlicht.

Sofern das Unternehmen nicht mit schweren inneren Krisen und radikalen neuen Herausforderungen konfrontiert ist, genügt für diese Phase eine verkürzte und vereinfachte Neuauflage des beim ersten Mal praktizierten Vorgehens (Phase I – III), die in drei bis sechs Monaten abgeschlossen sein dürfte.

4.3 Die Leitbildentwicklung

Knappere Formulierung

Das Leitbild beschränkt sich i.d.R., wie oben dargestellt, auf die knappe Formulierung globaler Ziele und Verhaltensrichtlinien. Es enthält daher im Unterschied zur Konzeption:

- keine Darstellung und Analyse der Ausgangslage, insbes. der Situation der Adressaten und des daraus ableitbaren Bedarfs,
- keine Operationalisierung der globalen Ziele auf die konkrete Ebene von Handlungszielen und Leistungen,
- keine theoretisch-fachliche Begründung dieser beiden Punkte.

Geringerer Aufwand

Seine Erarbeitung benötigt daher auch nicht den gleichen zeitlichen und inhaltlichen Aufwand. Trotzdem sollte mit einem Rahmen von, je nach Größe der Organisation, einen halben bis einem Jahr gerechnet werden, wenn man eine breite und aktive Beteiligung der Organisationsmitglieder erreichen will, um ihre Auseinandersetzung und Identifikation mit der Organisation, ihren Werten, Zielen und Aufgaben zu fördern, ihre Motivation für eine Mitarbeit zu erhöhen und somit wesentlich zur Entwicklung einer „Corporate Identity" beizutragen.

Selbst- und Fremdbild

Nur eine solche „Corporate identity", die mit dem äußeren Erscheinungsbild, dem „Corporate design" der Organisation übereinstimmt, verschafft ihr die notwürdige Glaubwürdigkeit und Akzeptanz bei ihren verschiedenen Bezugsgruppen (Adressaten, Förderer, Kooperationspartner). Eine größtmögliche *Übereinstimmung zwischen Selbst- und Fremdbild* ist daher das zentrale Anliegen einer guten Leitbildentwicklung.

Verkürzte Einarbeitungsphase

Für den Prozess der Leitbildentwicklung gelten zwar die gleichen Phasen und Stufen, wie bei der Konzeptionsentwicklung (s. Abb. 16). Die eigentliche Erarbeitungsphase lässt sich allerdings verkürzen, da

- in Stufe 1 keine umfassende und empirisch fundierte Analyse der Organisation, ihrer Strukturen und Prozesse, ihrer Stärken und Schwächen, sondern nur eine Sammlung und Diskussion der organisationsinternen (und evtl. externen) Sichtweisen und
- in Stufe 2 keine genauere Auflistung und Beschreibung der erbrachten Leistungen, ihrem Ausbau und ihrer Weiterentwicklung erforderlich ist.

Denn der Fokus der Leitbildentwicklung liegt auf der Orgsanisationsphilosophie, den Einstellungen und Verhaltensweisen der Mitglieder und den damit korrespondierenden Grundstrukturen sowie dem Image der Organisation in ihrem Umfeld, die durch den Prozess und sein Ergebnis positiv beeinflusst werden sollen.

Beide Stufen lassen sich gut in einer zusammenfassen.

Das Verfahren der Konzeptionsentwicklung

Zum methodischen Vorgehen

Prozessorientiertes Projekt

Die Leitbildentwicklung ist ebenfalls ein prozessorientiertes Projekt und braucht daher, genauso wie die Konzeptionsentwicklung

- einen klaren zeitlichen Rahmen (hier ein halbes bis ein Jahr),
- eine Steuerungsgruppe (auch *„Leitbildzirkel"* genannt),
- einen flexiblen Ablaufplan mit Rückkoppelungsschleifen,
- die notwendigen Ressourcen an Zeit, Räumen, Materialien und evtl. externen BeraterInnen.

Geeignete Methoden sind dabei insbesondere:

- eine Zukunfts- oder Leitbildwerkstatt als ausführlicher Einstieg oder
- eine sog. SWOT- oder SPOT-Analyse als vereinfachte Form (s. Abb. 32);
- Arbeitsgruppen aus den verschiedensten Gremien, Arbeitsbereichen und Ebenen der Organisation (in homogener und gemischter Zusammensetzung);
- Diskussionsforen;
- Befragungen von Organisationsmitgliedern und relevanten Umwelten (wie Adressaten bzw. Zielgruppen, Zuschussgebern, Kooperationspartnern).

SWOT (bzw. SPOT)-Analyse	
S (für **„strongs"** = Stärken bzw. **„satisfactions"** = erfreuliche Aspekte) Leitfragen: Was läuft besonders gut bei uns? Wo liegen unsere besonderen Stärken, Fähigkeiten, Ressourcen?	**O** (für **„objectivs"** = Ziele) Leitfragen: Wo wollen wir hin? Was wollen wir verändern?
W (für **„weakness"** = Schwächen) bzw. **P** (für **„problems"** = Probleme) Leitfragen: Was läuft nicht (so) gut? Wo liegen einflussreiche Schwächen, Schwierigkeiten, Defizite?	**T** (für **„threats"** = Gefahren, Risiken) Leitfragen: Welche Hindernisse gibt es auf dem Weg zum Ziel? Welche Gefahren bzw. möglichen Nebenwirkungen sehen wir auf diesem Weg?

Abb. 32: SWOT (bzw. SPOT)-Analyse

Im folgenden eine mögliche Ablaufskizze:

Ablaufskizze für eine Leitbildentwicklung (am Beispiel eines Jugendverbandes)

Stufe I: Analyse und Zielfindung (9 Monate)

Sie sollte folgende 3 sich zeitlich überlappende und aufeinander rückgekoppelte Arbeitsschritte umfassen:

1. Selbstbildanalyse/Selbstverständnis- und Zieldiskussion

- Fragestellungen: Woher kommen wir? Wer sind wir? Wie sehen wir uns? An was glauben wir? Wo wollen wir hin?
- Arbeitsweise: Arbeitsgruppen und -kreise, Workshops, Seminare auf unterschiedlichen Ebenen und aus verschiedenen Arbeitsbereichen, moderiert von MitarbeiterInnen des Verbandes.

2. Fremdbildanalyse

- Fragestellungen: Wie werden wir von außen (bzw. von unseren „relevanten Umwelten" wie jugendliche Besucher, andere Verbände, Amtskirche, öffentliche Zuschussgeber etc.) wahrgenommen?
- Arbeitsweise: Interviews und/oder Gruppengespräche mit Vertretern relevanter Umwelten? Oder nur Bildung von Hypothesen durch die Mitglieder bzw. MitarbeiterInnen selbst? (sog. „vermutetes Fremdbild").

3. Analyse des eigenen Verhaltens und der eigenen Wirkung

- Fragestellungen: Wie kommunizieren wir nach außen? Wie treten wir auf? Wie stellen wir uns dar? Wie ist unser Erscheinungsbild? Welche Rolle spielen dabei unsere internen Kommunikationsstrukturen und -prozesse, Organisationsstrukturen und -abläufe?
- Arbeitsweise: Arbeitskreise, Workshops (auf der Grundlage vorhandener Selbstdarstellungen wie Konzeption, Logo, Folder etc. sowie der Ergebnisse der Fremdbildanalyse).
- Zusammenfassung: der Ergebnisse aller 3 Schritte auf einer 2-tägigen Klausurtagung der Projektgruppe mit Vertretern aus den verschiedenen Arbeitsgruppen und -kreisen, Workshops und Seminaren etc.

Stufe II: Leitbilderstellung (ca. 3 Monate)

Arbeitsschritte:

- Erstentwurf eines Leitbildes durch die Projektgruppe auf der Grundlage der Ergebnisse von Stufe I.
- Diskussion des Entwurfs auf den verschiedenen Ebenen, in den verschiedenen Arbeitsbereichen und Gremien des Verbandes/Formulierung von Änderungs- und Ergänzungsvorschlägen.
- Erarbeitung eines endgültigen Entwurfs durch die Projektgruppe auf der Grundlage der Änderungs- und Ergänzungsvorschläge und Zusendung dieses Entwurfes an alle Mitglieder und MitarbeiterInnen.
- Diskussion und Verabschiedung des Leitbildes durch die Mitgliederversammlung.

Abb. 33: Ablaufskizze für eine Leitbildentwicklung

Das Verfahren der Konzeptionsentwicklung

Leitfragen zur Leitbilderstellung

Die folgenden zwei Leitfragen-Kataloge können sowohl für den Diskussionsprozess der Beteiligten wie für die redaktionelle Bearbeitung hilfreich sein:

Leitfragen-Katalog I zur Leitbilderstellung

Dieser Katalog orientiert sich mehr an den relevanten Inhalten eines Leitbildes (s. Abb. 13, S. 48) und ihrer eher sachlichen Darstellung

1. Welches ist der religiöse / weltanschauliche / politische Hintergrund unserer Organisation? Welches ist ihr grundlegendes Gliederungsprinzip?

2. Welchen konkreten sozialen Auftrag entnehmen wir aus unserem Hintergrund? Welchen Personen / Personengruppen wollen / müssen wir uns daher widmen? Welche oberste Zielsetzung ergibt sich daraus für die Tätigkeit unserer Organisation?

3. Auf welche sozialen Nöte / Defizite / Problemlagen wollen wir mit unserer Tätigkeit eingehen? Welchen Anliegen / Bedürfnissen / Interessen wollen wir damit entsprechen? Inwiefern gehen wir damit auf einen wichtigen gesellschaftlichen Bedarf ein?

4. a Welche handlungsleitenden Grundwerte bzw. Handlungsprinzipien entnehmen wir aus 1. und 2. für die Beziehung zu unseren Adressaten / Klientel / Leistungsempfängern?
   b Welche Prinzipien leiten uns im Umgang mit unseren MitarbeiterInnen? Was wollen wir für ihre persönliche Förderung und Weiterentwicklung, für ein gutes Betriebsklima und eine positive Unternehmenskultur tun? Welche Grundprinzipien für das Führungsverhalten sollen in unserem Unternehmen gelten?
   c Wie verstehen wir uns gegenüber anderen sozialen Organisationen, die in gleichen und verwandten Feldern tätig sind? Welches soll unser Beitrag zur Weiterentwicklung kommunaler und staatlicher Sozialpolitik sein, inwieweit und wie wollen wir uns in diese einmischen?

5. Was für Angebote wollen wir machen bzw. was für Leistungen erbringen, was für Einrichtungen zur Verfügung stellen?

6. Was wollen wir tun, um die Qualität unseres Angebots zu sichern und weiter zu entwickeln?

7. Welches wissenschaftliche und normative Handlungskonzept liegt unserem Leistungsangebot zugrunde?

8. Was ist das Besondere unseres Leistungsangebotes, worin es sich von anderen Angeboten unterscheidet? Wodurch es in besonders geeigneter Weise dem unter 3. festgestellten gesellschaftlichen Bedarf entsprechen kann?

Abb. 34: Leitfragen-Katalog I zur Leitbilderstellung

Das Verfahren der Konzeptionsentwicklung

Leitfragen-Katalog II zur Leitbilderstellung

Dieser Katalog zielt stärker auf den Prozess der Selbstreflexion und Diskussion der Organisationsmitglieder untereinander und einer möglichst lebendigen, motivierenden Darstellung

A Vergangenheit: Wer sind wir? Wo kommen wir her? Wie sind wir geworden?

1. Mit welchen Vorstellungen, Erwartungen habe ich in der Einrichtung begonnen zu arbeiten? Welcher berufliche und biographische Weg hat mich hierher gebracht?

2. Welches waren früher zentrale Idee und Werte der Einrichtung? Wo lagen früher unsere Hauptanliegen? Was wollten wir erreichen/unbedingt vermeiden?

3. Welche Krisen und Wendepunkte traten seither auf?
   - Was waren die Auslöser?
   - Wie haben wir reagiert?
   - Was wäre ohne diese Wendepunkte gewesen?
   - Welche Alternativen (Wahlmöglichkeiten) gab es?
   - Was war bestimmend für die damals getroffenen Entscheidungen?

B Gegenwart: Wie beurteile ich meine Organisation heute? Wo stehen wir gerade?

4. Beschreibungshilfen:
   - Ein Steckbrief unserer Organisation
   - Wenn sie eine Person wäre: (Welches Geschlecht, Alter, Aussehen hat sie? In welchem Haus wohnt sie? Wie ist sie eingerichtet? Welche Art von Freunden hat sie? Ihre Essgewohnheiten, Kleidung, Hobbys? Ihre Krankheiten…?
   - Wenn ich eine Metapher wähle, wie würde ich meine Einrichtung beschreiben? (als Haus, als Pflanze, als Tier, … was bedeutet die Metapher im einzelnen?)

5. Selbstbild: Wo liegen derzeit unsere Schwächen/Probleme und wo unsere Stärken/Fähigkeiten?

6. Zufriedenheit: Was gefällt mir an meinen Arbeitsbedingungen? Was will ich auf keinen Fall verlieren? Was gefällt mir weniger/nicht: Was würde ich gerne verändern?

7. Fremdbild: Welches sind unsere Stärken und Schwächen aus der Sicht unserer Kunden/Zielgruppen? Unserer Kooperationspartner? Unserer Mitarbeiter?

8. Wie gehen wir mit Menschen und ihren Fähigkeiten, wie mit unseren Ressourcen um?

9. Welches Menschenbild leitet uns? Welches ist die gelebte „Philosophie" unserer Einrichtung? In welcher Verantwortung zu unserer Umwelt (zum geistigen, kulturellen, sozialen, politischen, wirtschaftlichen Leben) stehen wir faktisch? Welches sind die unsere Einrichtung/unser Unternehmen faktisch treibenden Motive/Ziele?

10. Was wäre, wenn es unsere Abteilung/Einrichtung nicht gäbe?
    - was wäre in Bayern/in Gemeinde/Stadt/Region XY?
    - Was wäre in der Organisation/dem Verein/dem Verband?

Das Verfahren der Konzeptionsentwicklung

> **Leitfragen-Katalog II zur Leitbilderstellung** *(Fortsetzung)*
>
> **C Zukunft: Wo wollen wir hin? Was wollen wir erreichen?**
>
> 11. Welche gesellschaftlichen Anforderungen kommen auf uns zu? Welchen wollen/müssen wir uns stellen? Welche Ressourcen und Kompetenzen brauchen wir dazu?
> 12. Welches sind die Kernbedürfnisse unserer Zielgruppen heute? Wie werden sie sich in Zukunft verändern?
> 13. Werden unsere gegenwärtigen Ideen und Leitsätze uns auch weiterhin tragen? Welche Veränderungen/Weiterentwicklungen müssen wir vornehmen, welche wollen wir?
> 14. Wie wollen wir das erreichen? Wie/nach welchen Grundprinzipien wollen wir dabei mit unseren Mitarbeitern umgehen und unsere internen Verhältnisse gestalten (z.B. Führung, Organisation, Lernen, Kapital, Technik)?
> 15. Wie wollen wir unser Verhältnis zur Außenwelt gestalten?
>   - Wie stehen wir zu maßgeblichen Trends in der Umwelt?
>   - Wie verhalten wir uns zu kulturellen Fragen/Institutionen?
>   - Wie verhalten wir uns zu politischen/gesellschaftlichen Fragen?
>   - Wie verhalten wir uns im Wirtschaftlichen?
>
> Quelle: Institut für Praxiserfahrung und Projektberatung 1997

Abb. 35: Leitfragen-Katalog II zur Leitbilderstellung

Umsetzung des Leitbildes

Ziel der Leitbildentwicklung ist weniger ein gedrucktes Stück Papier, sondern vor allem, dass alle MitarbeiterInnen

- ❒ es kennen,
- ❒ es akzeptieren,
- ❒ sich damit identifizieren und
- ❒ danach handeln!

Die folgenden Leitfragen sollen helfen, die Umsetzung des Leitbildes genauso ernst zu nehmen und zu strukturieren, wie seine Erarbeitung:

> **Fragen zur Umsetzung des Leitbildes**
>
> - Wie wird es offiziell „verabschiedet", „in Kraft gesetzt"?
> - Wie werden die MitarbeiterInnen beteiligt/informiert?
> - Wie gewinnt das Leitbild handlungsleitende Kraft?
> - Wie werden Ziele aus dem Leitbild abgeleitet, wie erfolgt eine weitere Differenzierung?
> - Wie wird das Leitbild gepflegt, evtl. fortgeschrieben?
> - Welche Konsequenzen sollen sich aus dem Leitbild ergeben?
>
> Quelle: Institut für Praxiserfahrung und Projektberatung 1997

Abb. 36: Fragen zur Umsetzung des Leitbildes

 Das Verfahren der Konzeptionsentwicklung

Und zum Schluss noch ein paar praktische Hinweise für die Umsetzung:

Methoden zur Umsetzung des Leitbildes

Besprechungen
Die Frage, wie im eigenen Arbeitsbereich bestimmte Zielvorgaben umgesetzt worden sind oder wie sie in absehbarer Zeit umgesetzt werden können, ist Gegenstand von Besprechungen auf verschiedenen Hierarchieebenen der Organisation (Gesamtleitung, Abteilungsleitung, Gruppenleitung, Gruppe/Team).

Hierbei sollten kreativitätsfördernde Moderationstechniken eingesetzt werden.

Richtschnur für Entscheidungen
Routinemäßig bei Zielkonflikten und Entscheidungen das Leitbild zu Rate ziehen.

Realisierung
Mit entsprechenden Realisierungsmaßnahmen dem Leitbild deutlich näherkommen.

Berichte
Periodische Berichterstattung über den Stand und die Umsetzungsergebnisse.

Personalentwicklung
Gezielte Personalauswahl.

Bei Mitarbeitergesprächen, Leistungs- und Eignungsbeurteilungen prüfen, inwieweit die Kollegin oder der Kollege im Sinne der Grundrichtung des Leitbildes wirkt und handelt.

Bei Ernennung und Beförderung ein Handeln im erwähnten Sinne hervorheben.

In Trainings für Führungskräfte die Ausrichtung am Leitbild einbauen.

Einführungsveranstaltungen für neue MitarbeiterInnen, BeamtenanwärterInnen.

Veranstaltungen
Bei Personalversammlungen auf das Leitbild eingehen.

Spezielle Diskussionsveranstaltungen, Workshops, Info-Markt, z.B. offene Diskussion über Verstöße gegen das Leitbild und die Führungsgrundsätze.

Einholen von Rückmeldungen
Anbringen eines Briefkastens, in den
- alle MitarbeiterInnen
- alle Kunden Rückmeldungen und Anregungen einwerfen können.

Vorher-Nachher-Befragung von Kunden und Kooperationspartnern.

Umsetzen in der Öffentlichkeitsarbeit
z.B. Kurzfassung auf Visitenkarten.

Abb. 37: Methoden zur Umsetzung des Leitbildes

4.4 Zusammenfassung

Das hier dargestellte Verfahren der Konzeptionsentwicklung dürfte von seinem Umfang und Aufwand, seiner Komplexität und Gründlichkeit her manche(n) erschrecken, der/die die Vorstellung hatte, dass es sich um eine schlichte PR-Aufgabe handle, die von einem hierzu ad-hoc gebildeten kleinen Arbeitskreis oder von einem/r hierzu abgestellten MitarbeiterIn in relativ kurzer Zeit zu erledigen sei.

Es dürfte jedoch deutlich geworden sein, dass eine Konzeptionsentwicklung nach dem hier vertretenen Verständnis weit mehr ist, als die Herstellung eines schön gedruckten Selbstdarstellungs- und Legitimationspapiers, nämlich gleichzeitig – im Sinne einer „Dialektik von Ziel und Weg"

Dialektik von Ziel und Weg

- die Festlegung der Zielrichtung und der grundlegenden Handlungsprinzipien einer Organisation und
- die Weiterentwicklung dieser Organisation und ihrer Mitglieder/MitarbeiterInnen in die festzulegende Richtung.

Trotzdem können Umfang und Aufwand eines solchen Vorhabens unterschiedlich sein. Das hier skizzierte Verfahren steht dabei in der Mitte zwischen zwei Extremen:

Umfang und Aufwand

- einem „Kurzverfahren" das sich entweder – wie bei Wirtschaftsunternehmen üblich – bei der konzeptionellen Entwicklung auf die Einbeziehung der oberen Führungsebenen beschränkt und die anderen Ebenen und MitarbeiterInnen erst nach der verbindlichen Verabschiedung einbezieht (so *Ulrich* 1978) oder das, etwa in kleinen Vereinen, bei Projekt- und Initiativgruppen, aufgrund des überschaubaren Mitarbeiterkreises und der dichten Kommunikation innerhalb derselben, einzelne der hier vorgeschlagenen Stufen und Schritte zusammenfassen, kürzen und vereinfachen kann;
- einem „Maximalverfahren", bei dem aufgrund massiver neuer Umweltanforderungen und/oder starker interner Probleme eine umfassendere Organisationsentwicklung angesagt ist und die Konzeptionsentwicklung daher nur einen Teilaspekt eines solchen Gesamtvorhabens darstellt.

Kurzverfahren

Maximalverfahren

Das hier wiedergegebene Verfahren stellt dagegen die Konzeptionsentwicklung als Auftrag und Vorhaben in den Mittelpunkt, bezieht dabei aber in das Vorgehen Elemente und Aspekte von Organisations- und Personalentwicklung mit ein, um die spätere Umsetzung der Konzeption in die Alltagswirklichkeit des Unternehmens bewusst und gezielt vorzubereiten, zu fördern und modellhaft vorwegzunehmen und somit Papier und Leben, Anspruch und Wirklichkeit stärker als üblich zur Deckung zu bringen.

5. Die Einrichtungskonzeption

Bei Einrichtungen von größeren Trägern, welche ein Leitbild und/oder eine Gesamtkonzeption verfasst haben, wird eine Einrichtungskonzeption sich daraus ableiten und eine Konkretisierung und Spezialisierung davon darstellen. Bei kleineren Trägern, die nur eine Einrichtung führen, werden Einrichtungs- und Trägerkonzeption zusammenfallen.

5.1 Die Inhalte

Bei einer reinen Einrichtungskonzeption, oft auch „pädagogische Konzeption" genannt, besteht der Hauptinhalt in einer möglichst anschaulichen und konkreten Antwort auf die Frage:

Für wen? soll was? und wie? angeboten werden.

Da diese Inhalte sehr zielgruppen- und arbeitsfeldspezifisch sind, lässt sich eine allgemeingültige Gliederung kaum erstellen:

Statt dessen soll hier beispielhaft für eine Jugendfreizeitstätte ein Raster vorgelegt werden, das dann für Einrichtungen mit anderen Zielgruppen unschwer modifiziert werden kann:

Rahmenbedingungen

1. Die vorgegebenen Rahmenbedingungen, sind insbesondere:

    ❐ der Träger und seine konzeptionellen Grundlagen (soweit diese für die Arbeit der Einrichtung bestimmend sind);
    ❐ die gesetzlichen Grundlagen für die Arbeit (hier insb. § 11 KJHG);
    ❐ das Umfeld der Einrichtung bzw. ihr Einzugsgebiet (z.B. der Stadtteil mit seiner Sozialstruktur und seinen sozialen Problemlagen, mit seiner sozialen Infrastruktur und seinen Versorgungsdefiziten);
    ❐ die zur Verfügung stehenden Räumlichkeiten;
    ❐ der Personalschlüssel;
    ❐ die frei verfügbaren Finanzen.

Zielgruppe

2. Die Zielgruppe:

    ❐ Welche Jugendlichen sollen angesprochen werden (z.B. nach Alter, Geschlecht, Nationalität)?
    ❐ Wie ist es mit bestimmten Problemgruppen (z.B. Arbeitslose, Drogengefährdete, Gewaltbereite)?
    ❐ Sollen sie ausgegrenzt oder mit spezifischen Angeboten angesprochen werden?

Die Einrichtungskonzeption

3. Die pädagogischen Inhalte — *Inhaltliche Konzeption*

a. Die *Handlungsziele* insbes. Wirkungsziele sowie pädagogischen und methodischen Prinzipien für den Umgang mit den jugendlichen Besuchern (möglichst abgeleitet aus einer kurzen Situationsanalyse der Zielgruppen, ihrer Wünsche und Bedürfnisse, ihrer Ressourcen und Defizite).

b. Die *Angebotspalette* oder Programmstruktur — *Programm und Angebote*

- ❏ Freizeitangebote (offener Betrieb/Gruppen/Veranstaltungen etc.).
- ❏ Betreuungs- und Förderungsangebote (Lernhilfe/Beschäftigungsprojekte/Mittagstisch und ähnliches?).

c. *Zielgruppenspezifische* Ansätze und Angebote?
(z. B. spezielle Mädchenarbeit/interkulturelle Arbeit).

d. *Gemeinwesenorientierung:*

- ❏ Kooperation und Vernetzung mit anderen Einrichtungen im Umfeld (z. B. Schulen, Betriebe, andere Sozialeinrichtungen). — *Kooperation Vernetzung*
- ❏ Beteiligung an Gremien, Arbeitskreisen,
- ❏ Öffnung des Hauses für Gruppen aus dem Umfeld etc.

4. Organisatorische Voraussetzungen — *Organisatorische Voraussetzungen*

a. *Öffnungszeiten*

b. *Raum- und Funktionsprogramm*

c. *Das Mitarbeiterteam:* Aufgabenverteilung, Kooperationsprinzipien

d. *Entscheidungsstrukturen* und *-prozesse* in der Einrichtung, insbesondere die Frage nach der Beteiligung bzw. der *Mitbestimmung* der jugendlichen Besucher und der hierfür geeigneten Strukturen bzw. Gremien. — *Entscheidungen Mitbestimmung*

e. *Hausordnung,* insbesondere Sanktionen bei Verstößen (wann sind sie fällig, worin bestehen sie, durch wen werden sie ausgesprochen, welche Form des Widerspruchs und der Überprüfung gibt es?).

5. Instrumente der Qualitätssicherung und -weiterentwicklung — *Qualität*

Einrichtungskonzeption

Gliederung (am Beispiel einer Jugendfreizeitstätte)

I. Rahmenbedingungen
1. Träger
2. Gesetzliche Grundlagen
3. Umfeld
4. Räume
5. Personal
6. Finanzen

II. Zielgruppe(n)

III. Pädagogische Inhalte
1. Handlungsziele und -prinzipien
2. Angebots- bzw. Programmstruktur
3. Evtl. zielgruppenspezifische Angebote
4. Gemeinwesenorientierung

IV. Organisatorische Voraussetzungen
1. Öffnungszeiten
2. Raum- und Funktionsprogramm
3. Team
4. Entscheidungsstrukturen/Beteiligung der BesucherInnen
5. Hausordnung

V. Instrumente der Qualitätssicherung und -entwicklung

Abb. 38: Einrichtungskonzeption

Je nach der Größe einer Einrichtung und nach dem Grad der Selbständigkeit dem Träger gegenüber, werden zu den genannten Gliederungspunkten zusätzliche Punkte ausgeführt werden können, die sonst zu einer Verbands- bzw. Vereinskonzeption gehören, insbesondere im Bereich des *Personalwesens* (z.B. Arbeitsbedingungen, Arbeitsplatzgestaltung, Personalvertretung, Personalentwicklung, Betriebsklima) und des *Führungsverhaltens* bzw. der Führungsgrundsätze.

Die Einrichtungskonzeption

5.2 Das Verfahren

Die Phasen, Stufen und Schritte, die weiter oben für die Entwicklung einer Trägerkonzeption vorgeschlagen und erläutert wurden, sind auf die Erarbeitung einer Einrichtungskonzeption übertragbar. Je nach Größe und Komplexität der Einrichtung, insbesondere nach der Zahl ihrer MitarbeiterInnen, wird sich das Verfahren dabei jedoch zeitlich straffen und methodisch etwas vereinfachen lassen. Hierzu ein paar Hinweise im einzelnen:

1. Zur Vorbereitungsphase: *Vorbereitungsphase*

Die Bildung einer eigenen Projekt- oder Steuerungsgruppe wird erst ab einer bestimmten Mitarbeiterzahl und bei mehreren selbständigen Arbeitsbereichen erforderlich sein. Auf jeden Fall aber sollten auch bei einer kleineren Einrichtung ein paar MitarbeiterInnen mit der organisatorischen Vorbereitung und didaktischen Steuerung des Konzeptionsentwicklungsprozesses betraut werden und hierzu Verantwortung und Kompetenzen delegiert bekommen.

2. Zur Entwicklungsphase: *Entwicklungsphase*

❒ Die Stufe der Informationssammlung und Situationsanalyse wird je nach Größe der Einrichtung und Umfang ihrer Tätigkeit von sehr unterschiedlicher Intensität und Ausführlichkeit sein. Vor allem der Schritt „Analyse der Umweltsituation" wird weniger global und umfassend sein und sich stärker auf die konkrete Arbeitssituation vor Ort beziehen. Hierzu ein modifiziertes Analyse-Schema:

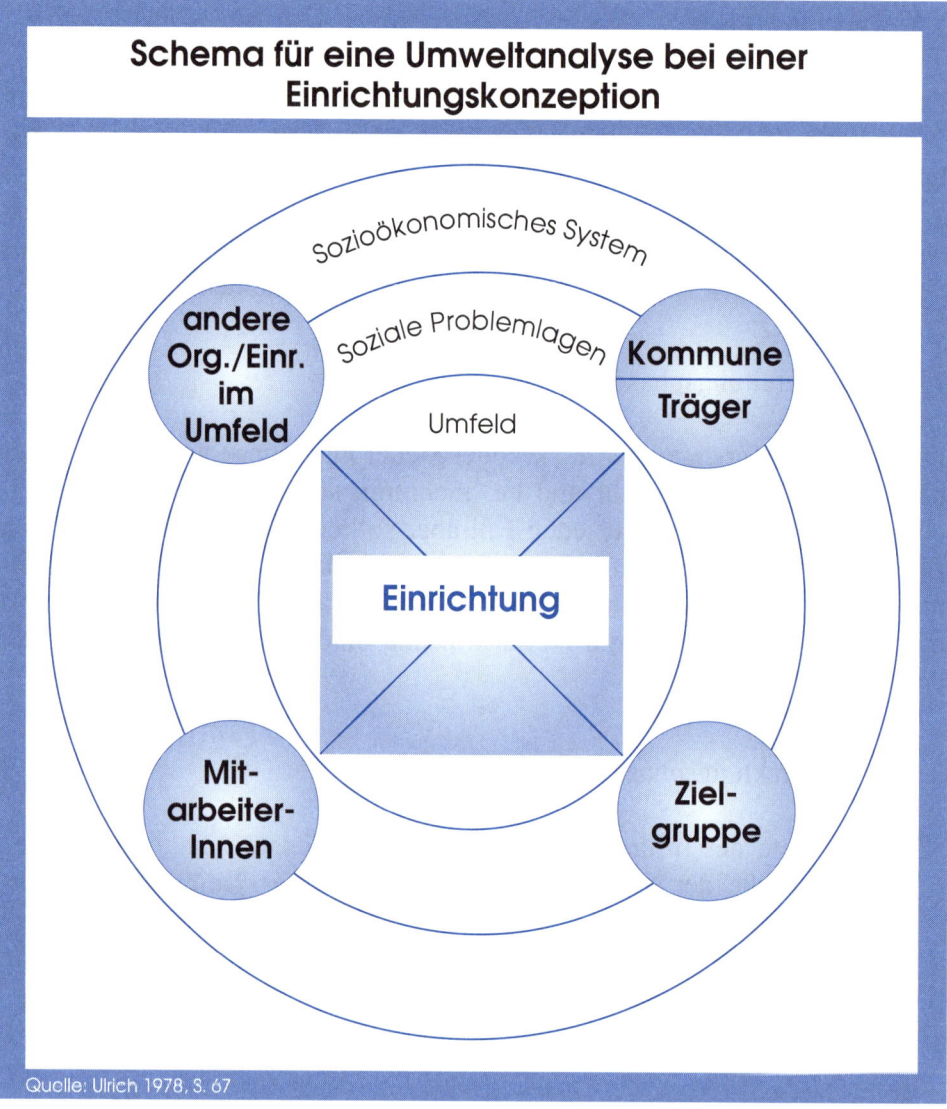

Abb. 39: Schema für eine Umweltanalyse bei einer Einrichtungskonzeption

Ob Träger und Kommune als zwei getrennte Einflussfaktoren anzusehen sind oder nicht, hängt davon ab, ob die Einrichtung von einem freien Träger oder von der Kommune selbst betrieben wird.

Zukunftswerkstatt
❑ Ein geeigneter methodischer Vorschlag für ein verkürztes Verfahren in dieser Phase wäre eine zweitägige Zukunftswerkstatt mit ausführlicher Kritikphase, wodurch die Situationsanalyse und eine vorläufige grobe Zielbestimmung in einem Vorgehen miteinander verbunden werden könnten, um dann in einer nächsten Stufe eine genauere und differenziertere Zielformulierung mit der Erarbeitung einer Programm- bzw. Angebots-Grundstruktur zu verbinden.

Die Einrichtungskonzeption

❑ Bei der redaktionellen Erarbeitung sind vor der endgültigen Formulierung nochmals die verschiedenen Konzeptionselemente aufeinander zu beziehen und abzustimmen, etwa nach folgendem Schema, das zwischen vorgegebenen Aspekten und noch offenen Elementen unterscheidet:

Redaktion

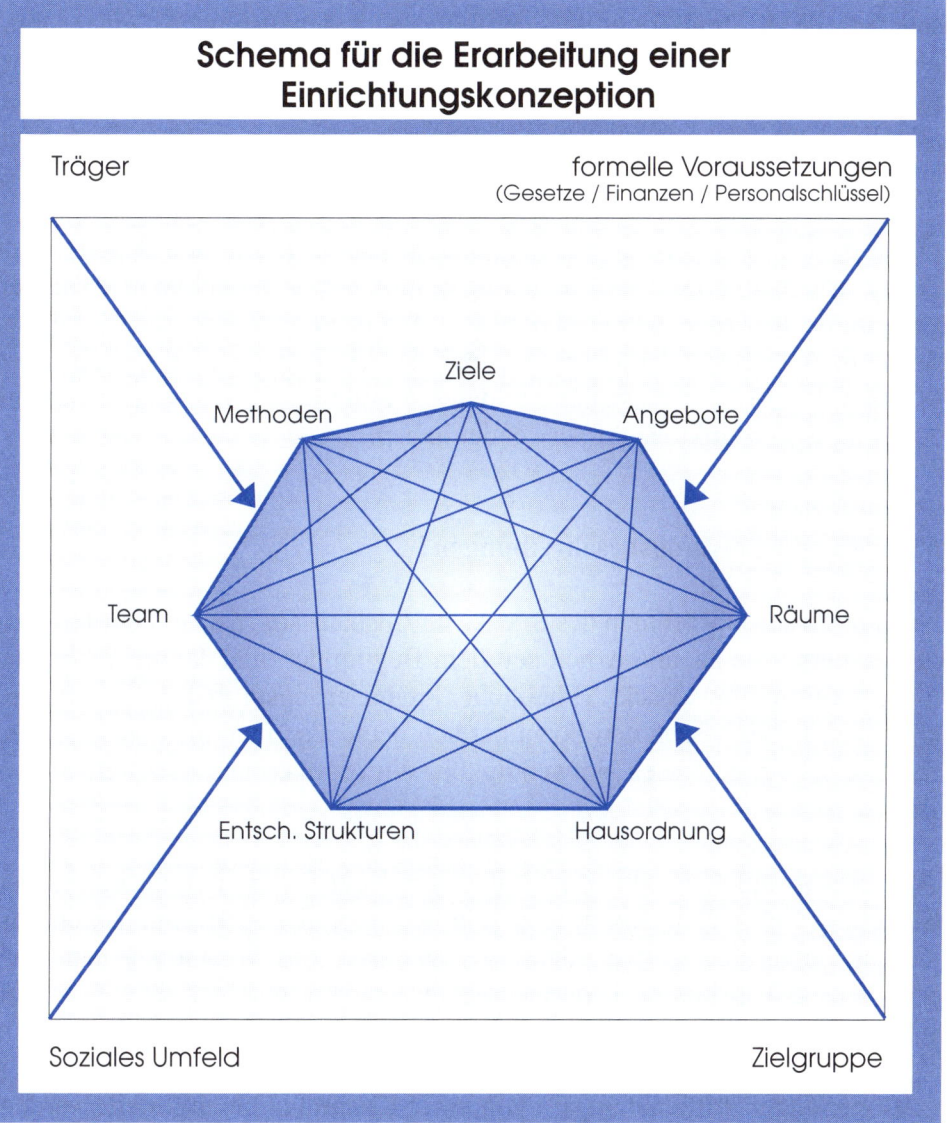

Abb. 40: *Schema für die Erarbeitung einer Einrichtungskonzeption*

Bei großen Einrichtungen mit mehreren Hierarchiestufen wird sich eher das ausführlichere, für die Verbands- bzw. Vereinskonzeption vorgeschlagene Verfahren empfehlen, das vor allem der Zielbestimmung einen besonderen Raum gibt.

6. Die Leistungsbeschreibung in der Sozialen Arbeit

6.1 Die Begriffe „Leistung" und „Produkt"

Begriffe

Unter dem Begriff „Leistung" wird in Anlehnung an die Kommunale Gemeinschaftsstelle (KGSt-Bericht 9/94) primär „jedes Arbeitsergebnis einer Organisationseinheit verstanden, das zur Erfüllung einer Aufgabe erzeugt wird und für das außerhalb der Organisation ein Bedarf besteht" (Daneben werden allerdings im Binnenbereich von Organisationen auch interne Leistungen erbracht).

Öffentliche Träger verwenden in Anlehnung an die KGSt. den Begriff „Produkt", wo ein zu einer Gesamtleistung kombiniertes Bündel von Leistungen gemeint ist. Im Folgenden wird der Begriff „Leistung" vorgezogen, da dieser dem prozesshaften Charakter sozialer Dienstleistung besser gerecht wird (s. oben, S. 21); eine Ausnahme bilden die zitierten Beispiele, in denen die Autoren den Produktbegriff verwendet haben.

6.2 Warum Leistungsbeschreibungen?

Gründe für die Einführung von „Leistungsbeschreibungen"

Nach fast zwei Jahrzehnten des intensiven Ausbaus sozialstaatlicher Hilfsangebote geriet die soziale Arbeit seit dem Beginn der 90er Jahre zunehmend unter Legitimationsdruck: Erhebliche Finanzierungsprobleme in öffentlichen Haushalten lassen den Sozialbereich heute als einen massiven Kostenfaktor erscheinen, dessen Notwendigkeit, Wirksamkeit und Effizienz hinterfragt wird.

Ergebnisorientierung

Als Antwort auf Finanzkrise ist unter dem Begriff der „output-orientierten Steuerung" in vielen Kommunen ein Konzept der Verwaltungsmodernisierung eingeführt worden, das die Ergebnisse des Verwaltungshandelns, nämlich die Erbringung bedarfsgerechter und kostengünstiger Leistungen für die Bürger, zum zentralen Steuerungsfaktor macht. Die „Produkte", die – auf gesetzlicher Grundlage und/oder als *Ergebnis* von Planungsprozessen (z. B. der Jugendhilfeplanung) – von einer Kommune bereitgestellt werden, sind in einem „Produktplan" dargestellt.

Leistungsbezogene Entgelte

Eine verstärkte Ziel- und *Leistungsorientierung* ist aber auch auf Veränderungen bei der Finanzierung Sozialer Arbeit durch die Pflegeversicherung zurückzuführen, sowie auf die Reform des Sozialhilfe- und Jugendhilferechts (Novellierung des §93 BSHG und des §78 SGB VIII/KJHG). *Leistungsbezogene Entgelte* für Angebote der Sozialen Arbeit sind ein Ausdruck dieser Entwicklung. Freie Träger können einzelfallbezogene stationäre und teilstationäre Dienstleistungen im Bereich der Jugend- oder Sozialhilfe mit dem Öffentlichen Täger neuerdings nur noch unter der Bedingung abrechnen, dass zwischen ihnen eine Leistungs- und Entgeltvereinbarung ausgehandelt wurde.

Die Leistungsbeschreibung in der Sozialen Arbeit

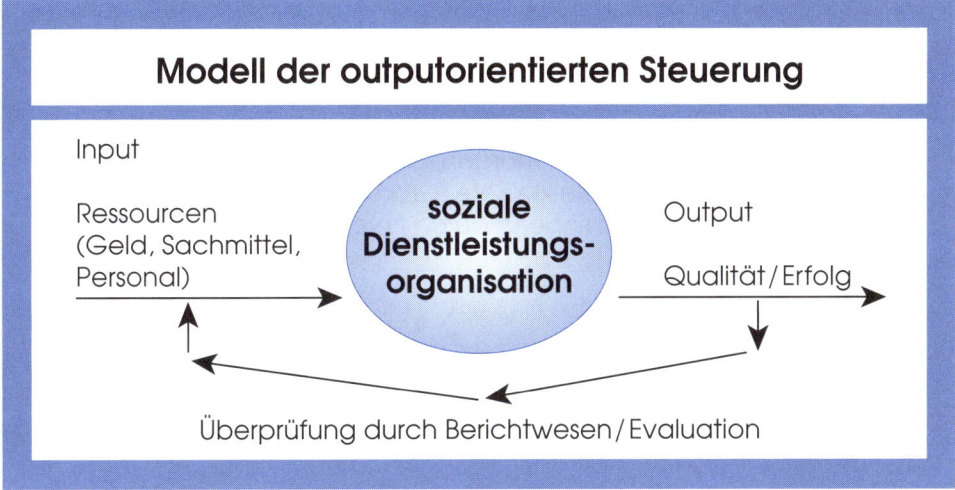

Abb. 41: *Modell der outputorientierten Steuerung*

Aber nicht nur die Betreuung einzelner Leistungsberechtigter, z. B. im Rahmen der „Hilfen zur Erziehung" (§ 27 ff des SGB VIII) wird in Zukunft über vertraglich geregelte Leistungsentgelte finanziert, auch Einrichtungen mit einer „Gesamtleistung", z. B. eine Beratungsstelle oder ein Jugendzentrum können in Zukunft Partner von Leistungsverträgen mit der Kommune werden. Das bisherige Prinzip der „Bezuschussung" sozialer Einrichtungen über (jährliche) Zuwendungsbescheide wird damit zunehmend vom Prinzip längerfristiger Leistungsverträge mit Budgetierung abgelöst werden.

Leistungsverträge

6.3 Leistungen und Produkte als Organisations- und Steuerungsprinzip

Nach dem „Neuen Steuerungsmodell" werden in Behörden zukünftig Leistungen bzw. Leistungsbündel zu „Produkten" zusammengefasst, Produkte zu Produktgruppen und Produktgruppen zu Produktbereichen. (KGSt-Bericht 9/94). Diese Form der *„Produktgruppenorganisation"* oder Organisation nach *„Leistungszentren"*, die in vielen Wirtschaftsunternehmen und auch Wohlfahrtsverbänden längst eingeführt ist, schafft fachlich-inhaltlich und betriebswirtschaftlich sinnvolle Organisationseinheiten. Sie gewährleistet, dass die einzelnen Organisationseinheiten als Bezugspunkt für eine dezentrale Fach- und Ressourcenverantwortung, für Kontrakte und für ein Controllingsystem dienen können.

Über eine interne Budgetierung, die Beschreibung und Optimierung von Arbeitsprozessen im Rahmen eines Qualitätsmanagement-Systems, eine Leistungsstatistik und unterschiedliche Formen der Kostenrechnung, können die einzelnen Einheiten und das gesamte Unternehmen sinnvoll gesteuert werden.

Die nachfolgende Grafik zeigt in einer nach der „Produktlogik" aufgebauten Sozialbehörde die Schnittstelle zu den Produkten/Leistungen, deren Erbringung an Freie Träger delegiert ist.

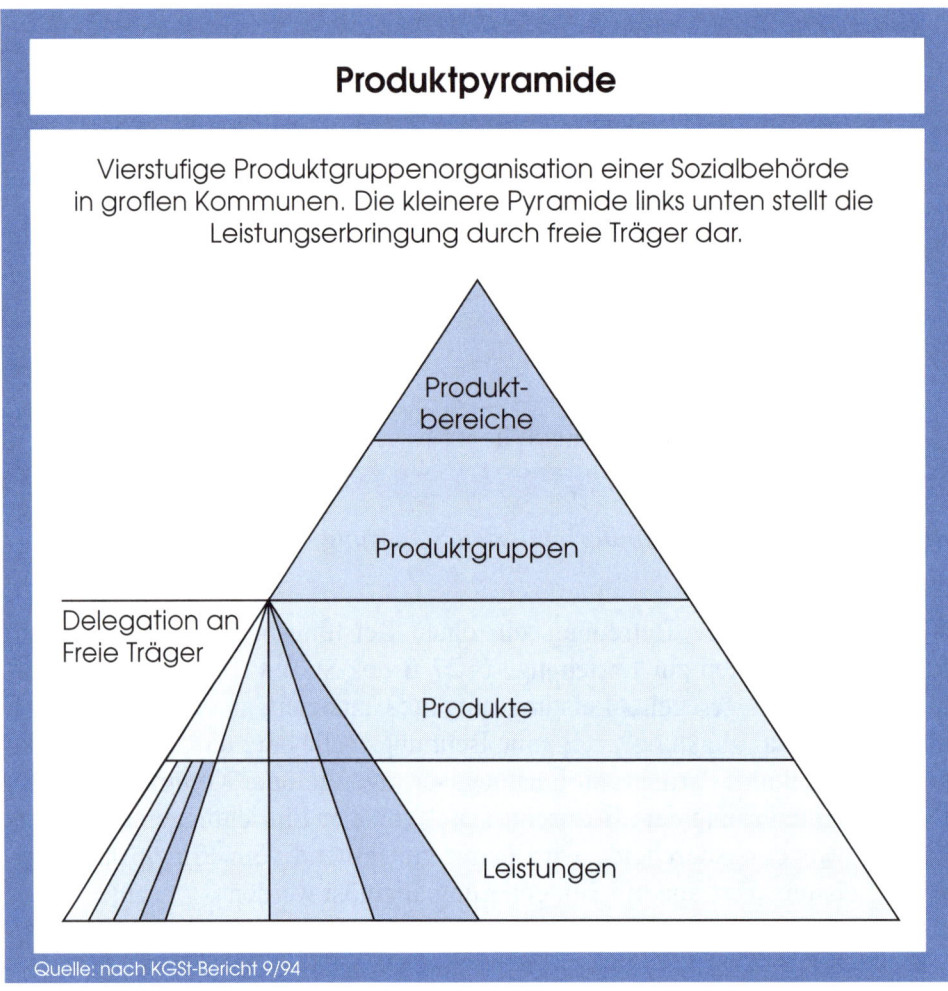

Abb. 42: Produktpyramide

In kleineren Kommunen mit einem weniger ausdifferenzierten Leistungsangebot genügt ggf. eine zweistufige Informationspyramide, bestehend aus einer kleineren Zahl an Produkten, die zu Produktgruppen zusammengefasst werden.

6.4 Der Leistungs- oder Produktkatalog – die erste Stufe zur Erstellung einer Leistungsbeschreibung

Als erste Stufe zur Gliederung von Leistungen/Produkten empfiehlt sich die Erstellung einer tabellarischen Übersicht über die Vielfalt der unterschiedlichen Angebotsformen.

Abbildung 43 zeigt ein Beispiel für einen solchen Katalog, auch „Produktplan" genannt. Die Verfasser haben – in Anlehnung an das Outputorientierte Steuerungsmodell der Kommunen den Produktbegriff zugrundegelegt.

Die Leistungsbeschreibung in der Sozialen Arbeit

Poduktbereich	Produktgruppe	Produktträger	Produktstätte	Produkte	Angebote
Kinder- und Jugendarbeit	Offene Kinder- und Jugendarbeit	Jugendverbände	Jugendverband	außerschulische Bildung	Ferienfreizeit
	mitgliederorientierte Kinder- und Jugendarbeit	Kirchengemeinden/ Bistümer	Jugendfreizeiteinrichtungen	Spiel, Sport, Geselligkeit	Hausaufgabenbetreuung
	gemeinwesenorientierte Kinder- und Jugendarbeit	andere katholische Träger	Pfarrgemeinde	arbeitsweltbezogene Jugendarbeit	Gruppenstunden
			Jugendbildungsstätte	schulbezogene Jugendarbeit	Seminare
				familienbezogene Jugendarbeit	Orientierungstage
				internationale Jugendarbeit	Zeltlager
				Jugendberatung	u.s.w.
				Allgemeine Förderung von Erziehung	
				Förderung von Selbstorganisationsprozessen	
				geschlechterspezifische Arbeit	

Abb. 43: Beispiel „Produktplan"

Die Leistungsbeschreibung in der Sozialen Arbeit

Hier ein weiteres Beispiel:

Beispiel „Leistungskatalog"

Leistungen	Inhalte/Zielgruppen	Ziele	Methoden
Beratung und Therapie bei…	Erziehungsfragen und Erziehungsschwierigkeiten seelischen Problemen Verhaltensauffälligkeiten familiären Krisen Trennung und Scheidung	• Klärung und Bewältigung individueller und familiärer Probleme und Konflikte • Vermeiden der Verfestigung und Verschlimmerung von Problemlagen • Mobilisierung von familiären Ressourcen und Selbsthilfepotenzialen	• psychosoziale und psychologische Diagnostik • Informatorische Beratung • Soziale und psychologische Beratung sowie • psychotherapeutische Interventionen • Arbeit mit dem sozialen Umfeld • Pädagogische Hilfen
Präventive Angebote	insbesonder für Eltern, Kinder und Jugendliche, die sich nicht in der EB anmelden	• Stärkung der Erziehungskompetenz • Förderung angemessener individueller und sozialer Entwicklung, Eigenständigkeit und Eigenverantwortung von Kindern und Jugendlichen • Erleichterung des Zugangs zur Erziehungsberatung	• Vorträge • Gruppen • Elternabende • Unterrichtseinheiten • Projekte und Seminare • Öffentlichkeitswirksame Aktivitäten z. B.: Zeitungsartikel, Infostände, Veröffentlichungen
Vernetzungsaktivitäten	Zusammenarbeit mit Diensten, Einrichtungen und Initiativen aus den Bereichen Jugendhilfe, Schule und Gesundheitswesen	• Erhöhung der Fachkompetenz im Hilfesystem • Weiterentwicklung eines bedarfsgerechten regionalen Hilfesystems • Fachliche Weiterentwicklung der Erziehungsberatung	• Mitwirkung in Gremien, Arbeitskreisen und Verbänden • Fachberatung, Supervision und Fortbildung • Hilfeplanung für erzieherische Hilfen

Abb. 44: Beispiel „Leistungskatalog"

Die Leistungsbeschreibung in der Sozialen Arbeit

6.5 Die differenzierte Leistungsbeschreibung

Für die differenzierte Beschreibung von Leistungen (bzw. „Produkten") werden von den Kostenträgern unterschiedliche Vorgaben gemacht, bzw. gemeinsam mit den Freien Trägern entwickelt. Auch die Verbände der Wohlfahrtspflege haben dort, wo solche Vorgaben noch fehlten, Arbeitshilfen für die Erstellung von Leistungsbeschreibungen in der Erziehungshilfe vorgestellt.

Schema für eine differenzierte Leistungsbeschreibung

1.	**Angebotsbereich**	Benennung des Gesetzbuches und Abschnitts.
2.	**Angebotsgruppe**	Benennung der Rechtsvorschrift.
3.	**Angebot** Angebotsformen	Benennung der Leistung bzw. Differenzierung in Teilleistungen.
4.	**Auftrag, Zielsetzung**	Beschreibung des gesetzlichen Auftrags entsprechend den gesetzlichen Grundlagen und Kommentierungen.
5.	**Zielgruppen/Indikation**	Zielgruppen und potenzielle Leistungsempfänger, potenzieller Hilfebedarf, damit verbundene Indikationsstellungen.
6.		Leistungsbereiche Diese sind häufig in den gesetzlichen Grundlagen benannt, z.B. bei stationären Einrichtungen, Alltag, Pädagogik, Therapie. Die Leistungsbereiche werden definiert und erläutert. (Die Leistungen selbst werden in Abschnitt 8 skizziert).
7.		Aussagen zu den Qualitätsmerkmalen, Standards und zum Qualitätssicherungssystem.
8.	**Leistungsstruktur** 8.1 Regelleistungen 8.2 Zusatzangebote	Stichwortartige Beschreibung der einzelnen Leistungen. Regelleistungen und mögliche Zusatzleistungen sollen differenziert werden.
9.	**Personal und Leistungsorganisation** 9.1 Personalqualifikation 9.2 Gruppengrößen 9.3 Personalschlüssel 9.4 Auslastungsgrad	Die zur Leistungserbringung nowendige Personal- und Sachausstattung. Dazu gehören auch Aussagen zur Qualifikation der MitarbeiterInnen, zur Angebotsgröße, Auslastung etc.
10.	**Berechnungen**	Hier wird das System zur Berechnung des Leistungsaufwandes dargelegt und der Zeitaufwand für die Leistungsbereiche berechnet. Dabei sind der Leistungserbrinung unmittelbar und mittelbar zuzurechnende Zeiten wie Vorbereitungszeiten, Verteilzeiten, Wegezeiten, Besprechungszeiten zu berücksichtigen.
11.	**Besonderheiten/Anmerkungen**	weitere Spezifika, Besonderheiten oder sonstige Anmerkungen zum Leistungsangebot.

Abb. 45: Schema für eine differenzierte Leistungsbeschreibung

7. Das Konzept als Innovationsprogramm Sozialer Arbeit

Finanzierung sichern

„Konzepte" sind nach der hier vorgeschlagenen Terminologie Überlegungen zu Zielen, Wegen und Mitteln, die weniger verbindlich und umfassend sind als „Konzeptionen". Eine in der sozialen Arbeit besonders verbreitete Form solcher Konzepte, sind Entwürfe für zukünftige Maßnahmen, die vor allem verfasst werden, um ihre Finanzierung zu sichern bzw. die hierzu erforderlichen Mittel zu beschaffen.

Solche Konzepte gibt es meist unter zwei Voraussetzungen:

- Wenn eine bereits bestehende Trägerorganisation ein neues Vorhaben, eine Ausweitung ihrer bisherigen Tätigkeit plant.
- Wenn eine neue Gruppe oder Initiative sich um ein gemeinsames soziales Anliegen gesammelt hat und dieses konkretisieren und umsetzen will.

Hier soll im folgenden von der zweiten Alternative ausgegangen und anschließend kurz auf Unterschiede bei der ersten hingewiesen werden.

7.1 Konzepte von neuen Initiativen

Funktion des Konzeptes

Gerade im sozialen Bereich finden und konstituieren sich unterschiedliche Initiativgruppen, wie Selbsthilfegruppen, Nachbarschaftshilfen, sozialpolitische, humanitäre und ökologische Initiativen etc. über ein mehr oder minder ausgereiftes und konkretes Vorhaben oder „Projekt".

Die Funktion eines Konzeptes ist dabei für solche Gruppen in der Regel eine doppelte:

Förderer ansprechen

- Förderer und Zuschussgeber anzusprechen und zu gewinnen und ganz konkret als Grundlage für Zuschussanträge an öffentliche Stellen (Ministerien, Kommunalverwaltungen etc.) und private Sponsoren zu dienen.

Selbstverständnis klären

- Der Gruppe selbst eine Möglichkeit zu bieten, ihr Selbstverständnis zu klären und ihre Ziele zu präzisieren. Denn gerade solche spontan um ein Anliegen herum gebildeten Gruppen stehen, wenn die Verwirklichung ihrer Absichten in einem konkreten Projekt anstehen, oft vor schwierigen internen Klärungsprozessen, die jedoch unverzichtbar sind, will die Gruppe als zukünftiger Träger einer sozialpädagogischen Maßnahme handlungsfähig sein.

Das Konzept als Innovationsprogramm Sozialer Arbeit

Inhalte des Konzeptes

Seine wesentlichen Inhalte lassen sich recht anschaulich an einer Checkliste bestehend aus 9 „W's" festmachen:

Checkliste

1. Wer sind wir?
   Wie setzen wir uns zusammen?
   Welche Rechtsform und Organisationsstruktur haben wir bzw. wollen wir uns als Projektträger geben?

Die 9 „W's"

2. Warum wollen wir etwas tun?
   Welche Notlagen/Probleme/Missstände fordern uns heraus?
   Welchen Bedarf wollen wir abdecken?

3. Für wen bzw. mit wem wollen wir etwas tun?
   Wer sind die AdressatInnen unseres Vorhabens?

4. Wozu wollen wir etwas tun?
   Was ist unser Ziel?
   Was wollen wir erreichen?

5. Was wollen wir tun?
   Welche Leistungen wollen wir erbringen, welche Einrichtungen schaffen, welche Veranstaltungen durchführen bzw. welche Programme anbieten?

6. Wie wollen wir arbeiten?
   Mit welchen Arbeitsformen/Methoden/Vorgehensweisen?

7. Wo soll unsere Arbeit stattfinden?
   An welchem Standort und für welches Umfeld?
   In welchen Räumen?

8. Durch wen soll die Arbeit geschehen?
   Welches Personal brauchen wir?
   Was soll die Aufgabe der einzelnen MitarbeiterInnen sein?

9. Womit wollen wir arbeiten?
   Welche sachlichen und finanziellen Mittel brauchen wir?

Abb. 46: Check-Liste für das Konzept eines Projektes/einer neuen Maßnahme

Diese neun Punkte ergeben bereits eine Grobgliederung für ein Konzept. Eine genauere Gliederung hier vorzuschlagen würde wenig Sinn machen, da die zuschussgebenden Stellen jeweils unterschiedliche Anforderungen stellen und Gliederungen erwarten, die sich in der Regel aus vorgedruckten Formularen ergeben. Auf drei Punkte, die für Zuschussanträge besonders wichtig sind, sei hier aber nochmals genauer eingegangen:

Raum- und Funktionsprogramm

1. Der *Raumbedarf* muss in Form eines „Raum- und Funktionsprogramms" konkretisiert und spezifiziert werden, d.h. die Notwendigkeit bestimmter Räume muss aus dem vorgesehenen Leistungsangebot bzw. der geplanten Programmstruktur abgeleitet werden und jedem Raum muss dabei eine bestimmte Funktion für die Verwirklichung des Konzeptes zugewiesen werden.

Personalbedarf

Stellenbeschreibung

2. Der *Personalbedarf* muss ebenfalls genau aufgeschlüsselt werden, indem aus dem geplanten Leistungsangebot und den vorgesehenen Arbeitsformen bzw. Methoden ein quantitativer und qualitativer Bedarf an MitarbeiterInnen abgeleitet wird, der dann in einer Tätigkeits- bzw. Stellenbeschreibung für jede beantragte Planstelle mit einer entsprechenden Vergütung (i.d.R. nach BAT) konkretisiert wird.

Das Konzept als Innovationsprogramm Sozialer Arbeit

Die vorgesehene Finanzierung muss in einem Finanzierungsplan dargestellt werden, der in etwa folgende Posten enthält:

Finanzierungsplan

Raster Finanzierungsplan

1 Ausgaben
1.1 Laufende Ausgaben
1.1.1 Personalkosten (aufgeschlüsselt nach einzelnen Personen und Tarifgruppen)
- Personalnebenkosten (Fortbildung/Supervision)

1.1.2 Sachkosten aufgeschlüsselt mindestens in folgende Positionen:
- Miete und Mietnebenkosten
- Verwaltungskosten
- Maßnahmekosten (z. B. Fahrtkosten, Öffentlichkeitsarbeit, Spielmaterial etc.)
- Fachliteratur

1.2 Einmalige Investitionen (z. B. Bauinvestitionen, Büromaschinen etc.)

2 Einnahmen
2.1 Zur Deckung laufender Ausgaben
2.1.1 Fremdmittel
2.1.1.1 Zuwendungen aus öffentlichen Mitteln, insbesondere
- Europäischer Sozialfond
- Bundesmittel
  - Modellförderungsmittel
  - Arbeitsamt (z. B. ABM, Lohnkostenzuschüsse etc.)
- Landesmittel (z. B. Pflegesätze)
- kommunale Mittel
- sonstige öffentliche Mittel (z.B. Bußgelder)

2.1.1.2 Laufende private Zuwendungen
2.1.2 Eigenmittel
- Mitgliedsbeiträge
- Einnahmen aus Maßnahmen (z. B. Beiträge, Eintrittsgelder etc.)

2.2 Für einmalige Anschaffungen
2.2.1 Zuschüsse aus Stiftungen (z. B. Pfennigparade, Aktion Sorgenkind etc.)
2.2.2 Private Spenden
2.2.3 Kapitalmarktmittel bzw. Kredite.

Abb. 47: Raster Finanzierungsplan

Das Verfahren der Konzeptentwicklung

Planungsprozess

Die Konzeptentwicklung für ein neues Projekt ist genauso ein gedanklicher Planungsprozess, wie die Erarbeitung einer Verbands- oder Einrichtungskonzeption, und besteht damit genauso in der gegenseitigen Zuordnung von Ist-Situation, Zielen, Mitteln und Wegen.

Da es sich hierbei aber stärker als bei der Konzeptionsentwicklung, um eine „freischwebende" Planung handelt, die sozusagen „bei Null" beginnt und bei der daher alle Konzeptelemente noch (mehr oder minder) offen sind, erscheint es besonders wichtig, von einem gedanklichen Schema auszugehen, das

- zwischen vorgegebenen, von der Projektgruppe nicht oder jedenfalls nicht kurzfristig veränderbaren Rahmenbedingungen und den von ihr zu gestaltenden Elementen unterscheidet und
- die gegenseitige Abhängigkeit dieser Elemente von einander sowie von den Rahmenbedingungen deutlich macht. Hierbei wird von den neun „W's" der obigen Checkliste ausgegangen:

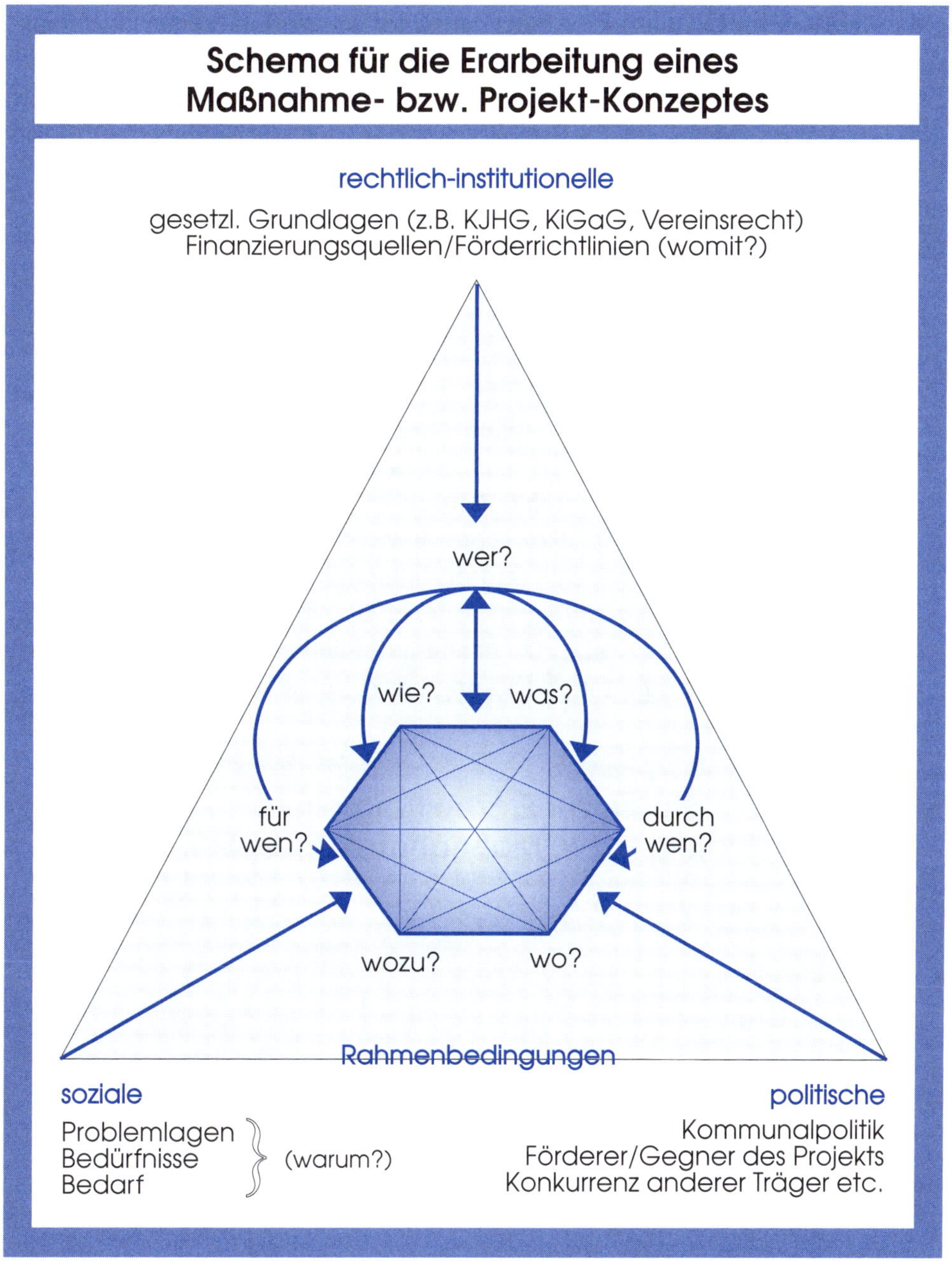

Das Konzept als Innovationsprogramm Sozialer Arbeit

Schema für die Erarbeitung eines Maßnahme- bzw. Projekt-Konzeptes

rechtlich-institutionelle
gesetzl. Grundlagen (z.B. KJHG, KiGaG, Vereinsrecht)
Finanzierungsquellen/Förderrichtlinien (womit?)

wer?
wie? was?
für wen?   durch wen?
wozu?   wo?

Rahmenbedingungen

soziale
Problemlagen
Bedürfnisse (warum?)
Bedarf

politische
Kommunalpolitik
Förderer/Gegner des Projekts
Konkurrenz anderer Träger etc.

Abb. 48: Schema für die Erarbeitung eines Maßnahme- bzw. Projekt-Konzeptes

Aufgabe der Konzeptentwicklung ist es nun, die Konzeptelemente des Sechsecks, die selbständig aber nicht beliebig kombinierbar sind, da sie sich gegenseitig bedingen und beeinflussen, unter Berücksichtigung der äußeren Rahmenbedingungen einerseits, sowie der eigenen Potenziale und der Organisationsstruktur als zukünftiger Projektträger andererseits, möglichst optimal und d.h. möglichst stimmig und wirksam zu kombinieren.

Konzeptelemente optimal kombinieren

Beteiligt sein sollten an diesem Arbeitsprozess möglichst alle aktiven Gruppenmitglieder, wobei einige mit der organisatorischen Vorbereitung und Steuerung des Prozesses beauftragt werden sollten.

Das Konzept als Innovationsprogramm Sozialer Arbeit

Ablauf

Da es hierbei, im Gegensatz zu einer Verbandskonzeption, keiner umfassenden Situationsanalyse als Grundlage für eine neue „Unternehmenspolitik" bedarf, sondern nur einer Informationssammlung und Problemanalyse, die auf das konkrete Vorhaben der Projektgruppe bezogen ist, und da der Prozess der Konzeptentwicklung mit der Formulierung entsprechender Förderungsanträge abgeschlossen ist, erscheint ein einfacheres Ablaufschema mit folgenden drei sich überlappenden Stufen angebracht:

Grundkonzept entwickeln
- Eine erste Stufe, die dazu dient, ein *Grundkonzept* zu entwickeln, welches die grundlegende Zielrichtung und die Grundstruktur des beabsichtigten Projektes festlegt, sowie die Schritte für eine weitere Konkretisierung dieses Grundkonzeptes zu planen.

Informationssammlung
- Eine Stufe der *Informationssammlung*, welche alle notwendigen Daten (z. B. über Zuschussmöglichkeiten, einzuhaltende rechtliche Bestimmungen, methodische Konzepte usw.) zusammenträgt, die zur Präzisierung des Konzeptes erforderlich sind und

Feinplanung/ Endformulierung
- Eine Stufe der *Feinplanung*, in welcher die verschiedenen Bausteine bzw. Elemente des Konzeptes genau aufeinander abgestimmt werden und in der seine endgültige Fassung erarbeitet wird.

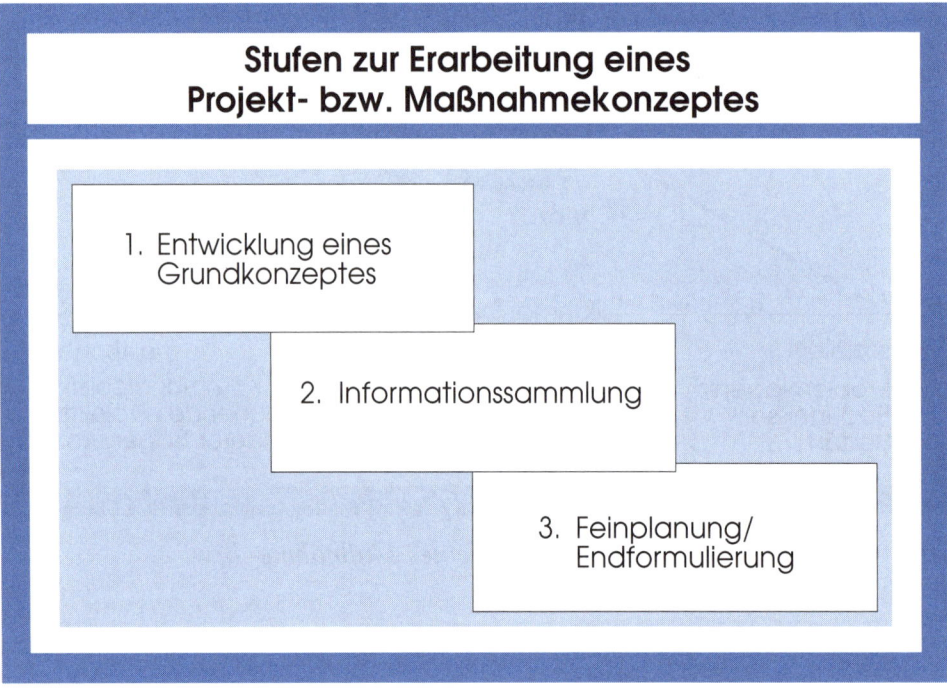

Abb. 49: Stufen zur Erarbeitung eines Projekt- bzw. Maßnahmekonzepts

1. Stufe: Entwicklung eines Grundkonzeptes

Am Ende dieser Stufe sollte ein zwar noch nicht sehr detaillierter, aber doch schon eindeutiger „realutopischer" Entwurf für das beabsichtigte „Projekt" stehen, welcher zumindest auf die Fragen nach dem was? wozu?

Das Konzept als Innovationsprogramm Sozialer Arbeit

und für wen? bereits eine klare Anwort gibt. Ein gewünschter Nebeneffekt könnte die sachlich-inhaltliche und gruppendynamisch-emotionale Integration der Projektgruppe sein.

Beide Anliegen lassen sich am besten in einer Zukunftswerkstatt verbinden, die hier allerdings nicht (wie bei einer Konzeptionsentwicklung s. S. 84/85) in verkürzter Form, sondern in vollem Umfang durchgeführt werden sollte. Hierzu ein paar Anmerkungen:

Zukunftswerkstatt

❐ Bei der Präzisierung der Arbeitsgrundlage zu Beginn der Kritikphase ist darauf zu achten, ob die Gruppe bereits eine relativ klare Grundidee von einem Projekt hat, die sie nur noch konkretisieren und strategisch umsetzen möchte, oder ob sie bisher nur ein allgemeines Anliegen vertritt und noch auf der Suche nach einer Projektidee ist. Die Zukunftswerkstatt ist für beide Fälle geeignet, wird aber jeweils unterschiedlich aufzubauen und durchzuführen sein.

Präzisierung der Projektidee

❐ Bei der Kritiksammlung sollten genauso die sozialen Missstände und Problemlagen gesammelt werden, bei welchen die Projektgruppe ansetzen möchte, wie die Defizite des bisherigen etablierten Systems sozialer Versorgung, zu dem sie eine Alternative entwickeln möchte.

Sammlung der Problemlagen

❐ Die Realisierungsphase wird, je nachdem wie konkret die Ausgangsidee war und wie fundiert die vorhandenen Informationen in der Gruppe sind (z. B. über die Situation bestimmter Zielgruppen, über methodische Ansätze oder über Finanzierungsmöglichkeiten), zu desto konkreteren Ergebnissen führen.
Auf jeden Fall ist am Ende dieser Phase festzuhalten,
- *welche* Informationen für die Präzisierung des Konzeptes noch erforderlich sind,
- *wie* und *wo* sie zu beschaffen sind und
- *wer* diese Aufgaben übernimmt.

Präzisierung des Konzepts

Doch bevor die nächste Stufe betreten wird, sollte noch ein Thema besprochen werden, das in der Zukunftswerkstatt voraussichtlich nicht zur Sprache kommt, das aber für die Zukunft des Projektes von zentraler Bedeutung ist, nämlich die Rechtsform und Organisationsstruktur des vorgesehenen Projektträgers. Hierbei geht es insbesondere um Fragen wie die Kompetenzverteilung zwischen ehrenamtlichen Mitgliedern und hauptamtlichen MitarbeiterInnen (die oft selbst aus dem Kreis der InitiatorInnen kommen) die Aufgabenverteilung zwischen den letzteren und die Zuweisung von Führungs- und Kontrollfunktionen.

Rechtsform und Organisationsstruktur

Führungs- und Kontrollfunktionen

Solche Fragen werden gerade von alternativen Gruppen gerne aus einem antiautoritären Affekt heraus als „unanständig" ausgeklammert oder unter einem radikal-demokratischen Anspruch als überflüssig abgetan.

Spannungsverhältnis Demokratie – Effektivität

Dabei wäre es gerade in solchen Gruppen dringend erforderlich, eine Auseinandersetzung über das unvermeidliche Spannungsverhältnis zwischen Demokratie und Effektivität, zwischen individuellen Freiräumen und kollektiver Disziplin zu führen, um eine Struktur zu finden, die weder die basisdemokratischen Ideale und die Visionen der InitiatorInnen von selbstbestimmten und solidarischen Arbeitsformen einfach übergeht, noch die Realisierbarkeit des Projektes gefährdet und seine Effizienz erheblich beeinträchtigt.

Klare Strukturen und Regeln

Denn dort, wo diese Effizienz bei alternativen Gruppen und Initiativen gefährdet ist, liegt es nicht – wie so häufig im öffentlichen Dienst – an zu starren und formalisierten Strukturen und an einer gestörten Arbeitsmotivation, sondern viel eher an Konflikten, die aus ungeklärten Kompetenzen erwachsen, sowie an Machtkämpfen, die Mangels klarer Willensbildungs- und Entscheidungsstrukturen nicht in fairer, geregelter Form ausgetragen werden können.

Daher wäre es, um solche späteren Konflikte zu vermeiden oder wenigstens zu vermindern, sehr zu empfehlen, bereits bei der Konzeptentwicklung an diesem Thema zu arbeiten. Dabei müsste eine Arbeitsform gefunden werden, in der sachliche und persönliche, inhaltliche und gruppendynamische Aspekte in ihrer Wechselwirkung gesehen und reflektiert werden können.

2. Stufe: Informationssammlung

Auf die Werkstatt, die mit einem mehr oder minder genauen Grundkonzept für ein konkretes Projekt endet, sowie eine eventuell anschließende Diskussion über die Struktur des zukünftigen Trägers, folgt eine Phase der Informationssammlung (z.B. über genaue Daten zu den vorgesehenen Zielgruppen, über Rechtsgrundlagen sowie Förderrichtlinien und -töpfe, über Eingruppierungsmerkmale und Gehaltsstufen etc.), die am besten von arbeitsteiligen Untergruppen vorgenommen wird.

3. Stufe: Feinplanung und Endformulierung

Auf der Grundlage der eingeholten Informationen muss die endgültige Struktur des Projektvorhabens entwickelt, müssen seine einzelnen Elemente genau aufeinander abgestimmt werden, was unter Umständen notwendige Korrekturen am Grundkonzept zur Folge haben kann, die dann nochmals in der Gesamtgruppe diskutiert werden müssen.

Endformulierung

Schließlich sollte eine kleine Redaktionsgruppe mit einer Endformulierung des Konzeptes sowie der erforderlichen Zuschussanträge beauftragt werden.

Vor der endgültigen Formulierung dieser Anträge wird es sinnvoll sein, sich mit den zuständigen Stellen über Zuschussvoraussetzungen, Chancen

des Projektes etc. kurzzuschließen und über hilfreiche Begründungen informieren zu lassen.

7.2 Konzepte von anerkannten Trägern und Einrichtungen

Die Funktion

Die Funktion solcher Konzepte für neue Maßnahmen bereits bestehender Träger ist i.d.R. ebenfalls eine doppelte:

- ❐ Es soll eine Diskussions- und Entscheidungsvorlage für die zuständigen Entscheider in der Organisation darstellen (das werden je nach Größe der Organisation und Bedeutung des Vorhabens Geschäftsführung und Vorstand bzw. Amtsleitung oder parlamentarische Gremien wie Mitgliederversammlung, Kinder- und Jugendhilfeausschuss, Stadtrat sein),
- ❐ und es soll eine inhaltliche Grundlage für erforderliche Zuschussanträge bilden.

Entscheidungsvorlage

Eine fachliche und emotionale Integrationsfunktion, wie bei einer Initiativgruppe, wird hier in der Regel entfallen, es sei denn der Träger beauftragt MitarbeiterInnen, die bereits für das neue Vorhaben vorgesehen sind, mit der Erarbeitung des Konzeptes, was äußerst positive Auswirkungen auf die Identifikation mit ihrer zukünftigen Aufgabe haben würde!

Die Inhalte

Die Inhalte werden genau die gleichen sein wie bei einer Initiativgruppe, (s. S. 113) lediglich der Punkt 1 (wer sind wir?) wird bei einem anerkannten Träger entfallen können.

Das Verfahren

Das Verfahren wird in der Praxis meist so abgewickelt, dass ein(e), einzelne(r) MitarbeiterIn mit der Erstellung eines Entwurfes beauftragt wird, der dann von ihrem Vorgesetzten überarbeitet und dem nächsthöheren Vorgesetzten vorgelegt wird, bis er schließlich mehrfach ergänzt und abgewandelt bei den zuständigen Entscheidern landet.

Ein kleines, hierarchieübergreifendes Redaktionsteam, das mit der Überarbeitung eines eigenständigen Entwurfes für die Entscheider beauftragt würde, wäre hier sicherlich kreativer und effektiver.

Hierarchieübergreifendes Redaktionsteam

Und falls man gar dem Vorschlag folgen sollte, die zukünftigen MitarbeiterInnen selbst mit der Erarbeitung zu beauftragen, würde sich das hier für Initiativgruppen vorgeschlagene Verfahren genauso gut eignen.

8. Kleinere Alltagskonzepte

In der Praxis sozialer Arbeit sind neben den dargestellten umfassenden Konzepten und Konzeptionen häufig „kleinere" Konzepte für Einzelmaßnahmen und konkrete Arbeitsschritte im beruflichen Alltag gefragt, wie z.B. für die Durchführung eines Gruppenabends oder einer Ferienfahrt, für die Leitung einer Helferkonferenz oder eines Mitarbeitergesprächs, für die Gestaltung einer Betreuung oder eines Beratungsgesprächs etc.

Professionelle Haltung

Das Erstellen von Konzepten für solche beruflichen Alltagssituationen ist Ausdruck einer professionellen Haltung, die sich nicht nur auf Intuition und spontane Eingebung in der konkreten Handlungssituation verlässt, ohne dabei andererseits das eigene Handeln in das enge Korsett eines detaillierten, rigiden Planes zu zwängen, sondern sich einen offenen Handlungsrahmen, eben ein „Konzept" erarbeitet, das eine gute Balance zwischen zielgerichteter Planung und situationsangemessener Flexibilität ermöglicht.

Solche Konzepte werden entweder von dem/r einzelnen MitarbeiterIn für ihre individuelle Aufgabe, oder im Team für ein gemeinsames Vorhaben erstellt, und je nach Bedeutung und Funktion nur im Kopf gespeichert oder auf einem „Spickzettel" notiert, in einer Protokollnotiz festgehalten oder in eine Ausschreibung gegossen.

Das Schema für die Erarbeitung solcher Konzepte variiert je nach Gegenstand und Thema, immer aber wird es darum gehen, wie bei dem Schema von Abb. 21 auf Seite 65.

- ❒ eine bestimmte *Ausgangssituation*, insbesondere in Bezug auf bestimmte *Adressaten*,
- ❒ die zu erreichenden *Ziele*,
- ❒ die hierzu geeigneten *Inhalte/Arbeitsformen/Methoden*
- ❒ und die erforderlichen Mittel bzw. *Ressourcen*

unter Berücksichtigung der jeweiligen *Rahmenbedingungen* auf ein gewünschtes Ergebinis hin zueinander in Beziehung setzen.

Als konkretes Vorgehen der Konzeptentwicklung empfiehlt sich

Erfolgsfrage

- ❒ mit der „Erfolgsfrage" zu beginnen: Woran kann ich am Ende der Veranstaltung, des Gesprächs etc. feststellen, dass sie für mich ein Erfolg war? In Teams kann es dabei hilfreich sein, um unterschiedliche Sichtweisen nicht vorschnell zu harmonisieren, sondern als Ressource zu nutzen, dass jedes Mitglied seine/ihre Erfolgskriterien für sich formuliert (z.B. auf Moderatorenkärtchen) und sie erst dann miteinander diskutiert werden;

❏ anschließend im „brain-storming" Gesichtspunkte und Ideen zu den verschiedenen relevanten Bestimmungsfaktoren zu sammeln, z.B. nach folgendem Raster:

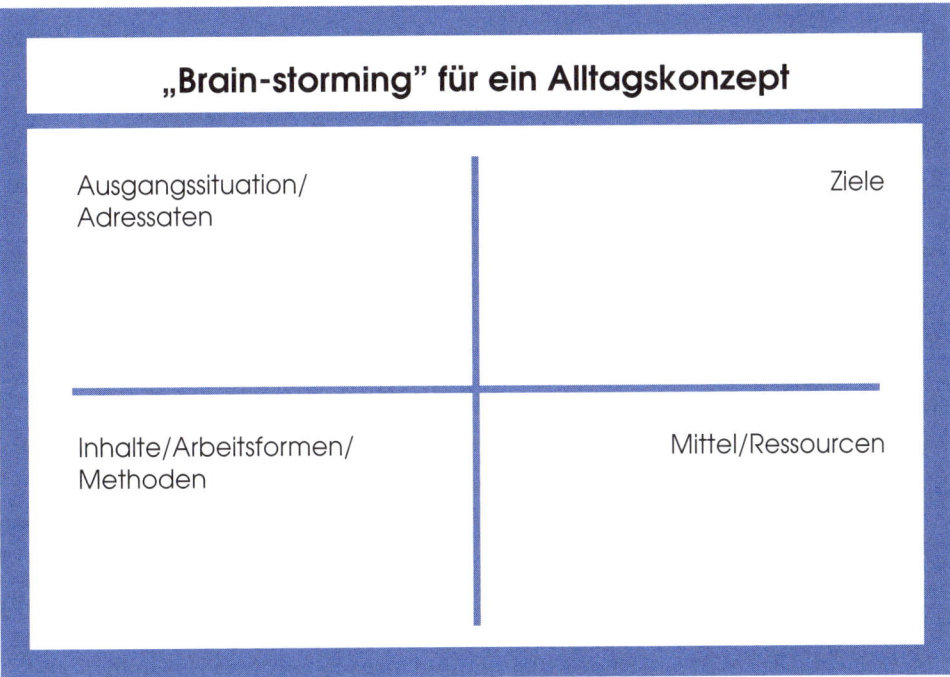

Abb. 50: „Brain-storming" für ein Alltagskonzept

❏ und schließlich die Aussagen jedes Feldes zu sortieren, zu bündeln und dabei sowohl die Rahmenbedingungen, wie die Wechselbeziehungen zu den anderen Faktoren zu berücksichtigen, was nochmals zu Ergänzungen und Modifikationen führen kann.

9. Fazit

Konzepte und Konzeptionen sind unverzichtbare Instrumente für die Steuerung und Innovation sozialer Organisationen, für ihre laufende Qualitätssicherung und aktive Anpassung an sich wandelnde Normen und Strukturen, Problemlagen und Bedürfnisse.

Literaturverzeichnis

Achterholt, G. (1988): Corporate Identity. In zehn Arbeitsschritten die eigene Identität finden und umsetzen, Wiesbaden

Albers, O./Broux, A. (1999): Zukunftswerkstatt und Szenariotechnik, Weinheim/Basel

Arendt, H. (1960): Vita activa oder vom tätigen Leben, München

Beer, St. (1983): Kybernetische Führungslehre, Frankfurt/M, New York

Belzer, V. (Hg) (1995): Sinn in Organisationen? Oder. Warum haben moderne Organisationen Leitbilder? München und Mering

Bertalanffy, L.v.: Vorläufer und Begründer der Systemtheorie, in: Systemtheorie (1972), Berlin

Bleicher, K. (Hg.) (1991): Das Konzept Integriertes Management, Frankfurt/M, New York

Bonsen, zur, M. (1994): Führen mit Visionen, Wiesbaden

Bundesministerium für Familie, Senioren, Frauen und Jugend (Hg) (1999) Qualitätsprodukt Erziehungsberatung, QS22 der Materialien zur Qualitätssicherung in der Kinder- und Jugendhilfe (kostenlos zu beziehen über Fax 030/206551116)

Deinet, U. Sturzenhecker B. (Hg) (1996): Konzepte entwickeln. Praxishilfen für die Jugendarbeit, Weinheim und München

Decker, F. (1992): Effizientes Management für soziale Institutionen, Landsberg/Lech

Duden (1974): Band 5, Das Fremdwörterbuch, Mannheim

Engelhardt, H.D. (1991): Innovation durch Organisation. Unterwegs zu angemessenen Organisationsformen, Bd. 6 der Reihe „Soziale Arbeit in der Wende", Fachhochschule München

Engelhardt, H.D. (1999): Organisationsmodelle. 2. Auflage, Augsburg

Engelhardt/Graf/Schwarz (1996): Organisationsentwicklung, Augsburg

Fischer/Graf (1998): Coaching, Augsburg

Gehrmann G./Müller, K. (1993): Management in sozialen Organisationen, Handbuch für die Praxis sozialer Arbeit, Berlin/Bonn/Regensburg

Graf, P. (1996): Soziale Organisationen als soziale Systeme, in: Hauser/Neubarth/Obermair (Hg): Management – Praxis sozialer Dienstleistungen, Neuwied/Kriftel/Berlin

Häfele, W. (1990): Systemische Organisationsentwicklung, Frankfurt/M

Herbst, D. (1998): Corporate Identity, Berlin

Hupertz, N. (1996): Wir erstellen eine Konzeption. Anleitungen und Beispiele aus der Kindergartenpraxis

Jantsch, E. (1981): Die Selbstorganisation des Universums – Vom Urknall zum menschlichen Geist; Basel

Jungk, R./Müllert, N.R. (1989): Zukunftswerkstätten – Mit Phantasie gegen Routine und Resignation, München

Kampe, R. (o.J.): Zukunftswerkstatt und Szenario-Methode – Ein Methodenvergleich im Hinblick auf ökologisches Lernen in der politischen Bildung, Schriften zur Didaktik der Wirtschafts- und Sozialwissenschaften Nr. 30, Univ. Bielefeld

Königswieser, R./Lutz, Ch. (1992): Das systematisch-evolutionäre Management. Der neue Horizont für Unternehmer, Wien
Körner, M. (1993): Corporate Identity und Unternehmenskultur. Ganzheitliche Strategie der Unternehmensführung, Stuttgart
Kommunale Gemeinschaftsstelle (KGSt), Köln:
- Bericht Nr. 5/1993: Das neue Steuerungsmodell
- Bericht Nr. 9/1994: Outputorientierte Steuerung in der Jugendhilfe

Kröger, R. (Hg) (1999): Leistung, Entgelt und Qualitätsentwicklung in der Jugendhilfe (mit CD-ROM), Neuwied
Landesausschuss katholischer Jugendarbeit/Bund deutscher katholischer Jugendarbeit NW in Zusammenarbeit mit INSO e.V. (1997): Produktdefinitionen für die katholische Kinder- und Jugendarbeit, Düsseldorf
Liga der freien Wohlfahrtspflege Baden-Württemberg (1998) Leistungsbeschreibungen in der Erziehungshilfe, Stuttgart, zu beziehen über Fax 0711/61967-67
Luhmann, N. (1984): Soziale Systeme, Frankfurt/M
Malik F. (1986): Strategie des Managements komplexer Systeme. Ein Beitrag zur Management-Kybernetik evolutionärer Systeme, Bern/Stuttgart
Merchel, J. (Hg) (1998): Qualität in der Jugendhilfe, Kriterien und Bewertungsmöglichkeiten, Münster
Reibnitz, U.v. (1991): Szenario-Technik: Instrumente für die unternehmerische und persönliche Erfolgsplanung, Wiesbaden
Schlippe, A.v. (1987): Familientherapie im Überblick – Basiskonzepte, Formen, Anwendungsmöglichkeiten, Paderborn
Schmid, B. (1987): Gegen die Macht der Gewohnheit; Systemische und wirklichkeitskonstruktive Ansätze in Therapie, Beratung und Training, in: Organisationsentwicklung 4/87, 21 ff
Schmitt, B. (o.J.): Qualitätshandbuch für interkulturelle Jugendsozialarbeit, hrsgg. von der BAG Evangelische Jugendsozialarbeit e.V., Stuttgart
Schwarz, G. (2001): Sozialmanagement, Bd. 1 der Reihe „Schwerpunkt Management"; 4. überarbeitete und erweiterte Auflage, Augsburg
Schwarz, P. (1992): Management in Nonprofit-Organisationen, Bern
Ulrich, H. (1978): Unternehmenspolitik, Bern
Vester, F. (1980): Neuland des Denkens; vom technokratischen bis zum kybernetischen Zeitalter, Stuttgart
Watzlawick, P./Weakland J.H./Fisch, R. (1979): Lösungen – Zur Theorie und Praxis menschlichen Wandels, Bern/Stuttgart/Wien
Wilke, H. (2000): Systemtheorie I: Grundlagen, Stuttgart

Die Autoren

Pedro Graf
Studium der Rechts- und Politikwissenschaften, Zusatzausbildung in psychodramatischem Rollenspiel und systemischer Beratung. Emeritierter Professor am Fachbereich Sozialwesen der Fachhochschule München. Freiberuflicher Fortbildner, Supervisor (DGSv), Team- und Organisationsberater bei Trägern und Einrichtungen des Sozial-, Bildungs- und Gesundheitswesens, Lehrtrainer und Lehrsupervisor der Systemischen Gesellschaft (SG).

Maria Spengler
Studium der Sozialarbeit/Sozialpädagogik (FH). Langjährige berufliche Tätigkeit in der Jugendhilfe und Gemeinwesenarbeit. Nach Zusatzausbildung in Supervision (DGSv) als freiberufliche Fortbildnerin, Beraterin und Trainerin, und insbes. als Moderatorin für Prozesse der Leitbild- und Konzeptentwicklung und für Qualitätsentwicklungsprojekte tätig.

ziel: Blaue Reihe

SozialMANAGEMENT Praxis

Klaus Schellberg

Betriebswirtschaftlehre für Sozialunternehmen

2. überarbeitete Auflage
214 Seiten, Format A4
65 Abb. / Graf. / Tab., Zweifarbdruck
25,80 € (D) / 26,60 € (A) / 46,00 sFr (Softcover)
ISBN 978-3-937 210-94-0

Die Sicherung ihrer wirtschaftlichen und finanziellen Zukunft gehört zu den zentralen Fragen, mit denen sich viele Organisationen der Sozialarbeit heute notgedrungen befassen müssen. Mit anderen Worten: sie müssen betriebswirtschaftlich denken und handeln lernen. Den Luxus, Ökonomie und Soziale Arbeit – „Gewinnmaximierung hier, soziale Gerechtigkeit dort" – als unvereinbare Gegensätze zu sehen und entsprechend zu handeln, kann sich heute niemand mehr leisten.

Aus dem Inhalt:
- Grundtatbestände der Ökonomie
- Ökonomische Dimension der Sozialen Arbeit
- Betriebswirtschaftslehre von Sozialunternehmen
- Rechnungswesen
- Controlling
- Rechtsformen
- Strategische Unternehmensführung
- Beschaffung
- Dienstleistungsproduktion
- Personalwirtschaft
- Marketing
- Finanzierung
- Konsequenzen für die Sozialarbeit

Waldemar Kiessling, Florian Babel

Corporate Identity

Strategie nachhaltiger Unternehmensführung
3. überarbeitete, erweiterte Auflage
196 Seiten, Format A4, Zweifarbdruck
anschauliche Praxisbeispiele im Vierfarbdruck
53 Abb. / Cartoons / Checkl.
25,80 € (D) / 26,60 € (A) / 46,00 sFr (Softcover)
ISBN 978-3-937 210-51-3

Corporate Identity ist Ziel, Herausforderung und dauerhafter Prozess. Anhand einer Fülle praktischer Beispiele und Materialien vermitteln die Autoren nachvollziehbare Konzepte und Wege zur Gestaltung einer nach innen und außen glaubwürdigen Unternehmensidentität. Der Leser findet zahlreiche praktische Tipps und Hilfen u.a. zur Leitbildentwicklung, Führung, Mitarbeiterkommunikation, Medien-, Presse- und Öffentlichkeitsarbeit. Mehrere Interviews mit nachhaltig agierenden Unternehmern und Leitbildbeispiele zeigen die Umsetzung in die Praxis.

Aus dem Inhalt:
- CI-Konzept: CI-Modell, CI-Strategie, Nachhaltigkeitsdreieck
- Leitbild eines Unternehmens, Unternehmensphilosophie
- Verhalten von Geschäftsführung und Mitarbeitern: Einstellung, Führung und Kritik, Corporate Governance, Beschwerdemanagement und Corporate Social Responsibility
- Mitarbeiterkommunikation
- Öffentlichkeitsarbeit, Werbung und Sponsoring
- Erscheinungsbild
- CI-Strategie in der Praxis: Selbstbild-, Fremdbildanalyse, Planung, Umsetzung, CI-Controlling
- Unternehmensimage
- Praxis-Interviews

Reinhilde Beck

Konflikt-Coaching und Verhandlungsführung

176 Seiten, Format A4
79 Abb. / Graf. / Checkl., Zweifarbdruck
25,80 € (D) / 26,60 € (A) / 46,00 sFr (Softcover)
ISBN 978-3-937 210-45-2

Konflikte sind allgegenwärtig und meist unvermeidbar vor allem im Organisationswandel. Veränderungen im Sozial- und Gesundheitsbereich und die erforderlich gewordene Neuorganisation sozialer Dienste, Einrichtungen und Unternehmen sind ein besonders guter Nährboden für Konflikte: Ängste, Unsicherheiten, Orientierungsverlust, Interessensgegensätze, Mobbing sind allseits bekannte Phänomene und stellen besondere Herausforderungen an Konfliktfähigkeit und -kompetenzen.

Aus dem Inhalt:
- Konflikterleben und -wahrnehmung
- Innere Konflikte und individuelle Konfliktreaktionen
- Konfliktentwicklung in Beziehungssystemen
- Selbstmanagement in Konfliktsituationen
- Grundlagen kommunikativer Verfahren der Konfliktregulierung
- Formen des Konflikt-Coaching: Einzel-Coaching, Team-Coaching, Kollegiales Coaching, Konflikt-Coaching als Organisationsberatung
- Verhandlungsführung: Harvard-Konzept, Mediation
- Rollen- und Auftragsklärung, Konfliktdiagnose und -interventionsplanung
- Methoden und Interventionen von Konflikt-Coaching und Verhandlungsführung

Reinhilde Beck, Gotthart Schwarz

Personalentwicklung

Neuerscheinung der 2. überarbeiteten und erweiterten Auflage
264 Seiten, Format A4
117 Abb. / Graf. / Checkl., Zweifarbdruck
25,80 € (D) / 26,60 € (A) / 46,00 sFr (Softcover)
ISBN 978-3-934 214-98-9

Das Buch ist nicht als eine Rezeptsammlung für schnelle Patentlösungen zu verstehen. In ihm werden Dialoge zusammengebracht, die bisher getrennt und unverbunden geführt werden. Personal- und Organisationsentwicklung bilden nach Auffassung der Autoren eine engvernetzte, untrennbare Einheit. Mit pragmatischer Zielsetzung stellen sie den an praktischer Umsetzung interessierten Führungskräften konkrete Handlungsempfehlungen und Checklisten für folgende Problemstellungen zur Verfügung: Welche Konsequenzen haben veränderte Umfeldbedingungen und Strukturwandel für Personalführung und -entwicklung? Welche Aufgaben, Rollen, Grundhaltungen werden von Führungskräften gefordert? Personalentwicklung als integriertes Konzept der Unternehmensführung. Welche Maßnahmen und Instrumente der Personalentwicklung bieten sich an?

Zielgruppe:
Führungskräfte sozialer Einrichtungen und Dienste, Beschäftigte in der sozialen Arbeit, die Interesse an diesem Aufgabenfeld haben. Studierende der Studiengänge Sozialmanagement/Sozialwirtschaft, Sozialarbeit/Sozialpädagogik sowie Gesundheits- und Pflegemanagement.

Fordern Sie den aktuellen Verlagskatalog an oder sehen Sie ins Internet: www.ziel.org

Bestellungen bitte an:

ZIEL - Zentrum für interdisziplinäres erfahrungsorientiertes Lernen GmbH
Zeuggasse 7–9, 86150 Augsburg
Tel. (08 21) 420 99 77, Fax (08 21) 420 99 78
E-Mail: verlag@ziel.org

Alle Bände dieser Reihe sind mit einer Fülle praktischer Beispiele und anschaulicher Grafiken ausgestattet. Sie präsentieren theoretisches Wissen in verständlicher Sprache und praktische Anregungen in optisch attraktivem Zwei-Farb-Druck. Das DIN A4-Format, die Stichworte am Rande und ausführliche Literaturverzeichnisse erhöhen den Gebrauchswert der Publikationen für die Leser und Leserinnen.

 www.ziel.org
... und bei Ihrem Buchhändler!

ziel: Blaue Reihe — SozialMANAGEMENT Praxis

Monika Bobzien, Wolfgang Stark, Florian Straus
Analyse und Entwicklung

Analyse und Entwicklung
von Organisationen im sozialen Sektor
156 Seiten, Format A4
75 Abb. / Graf. / Checkl., Zweifarbdruck
25,80 € (D) / 26,60 € (A) / 46,00 sFr (Softcover)
ISBN 978-3-934 214-91-0

Armin Wöhrle
Change Management

Organisationen zwischen
Hamsterlaufrad und Kulturwandel
190 Seiten, Format A4
35 Abb. / Graf. / Checkl., Zweifarbdruck
25,80 € (D) / 26,60 € (A) / 46,00 sFr (Softcover)
ISBN 978-3-934 214-76-7

Michael Fischer, Pedro Graf
Coaching

2. überarbeitete Auflage
160 Seiten, Format A4
75 Abb. / Graf. / Checkl., Zweifarbdruck
25,80 € (D) / 26,60 € (A) / 46,00 sFr (Softcover)
ISBN 978-3-934 214-58-3

Gregor Beck
Controlling

2. Auflage
144 Seiten, Format A4
50 Abb. / Graf. / Checkl., Zweifarbdruck
25,80 € (D) / 26,60 € (A) / 46,00 sFr (Softcover)
ISBN 978-3-934 214-01-9

Ludger Kolhoff
Existenzgründung

Existenzgründung im sozialen Sektor
188 Seiten, Format A4
42 Abb. / Graf. / Checkl., Zweifarbdruck
25,80 € (D) / 26,60 € (A) / 46,00 sFr (Softcover)
ISBN 978-3-934 214-78-1

Ludger Kolhoff
Finanzierung

Finanzierung soz. Einrichtungen und Dienste
166 Seiten, Format A4
48 Abb. / Graf. / Checkl., Zweifarbdruck
25,80 € (D) / 26,60 € (A) / 46,00 sFr (Softcover)
ISBN 978-3-934 214-66-8

Klaus Schellberg
Kostenmanagement

Kostenmanagement in Sozialunternehmen
188 Seiten, Format A4
48 Abb. / Graf. / Checkl., Zweifarbdruck
25,80 € (D) / 26,60 € (A) / 46,00 sFr (Softcover)
ISBN 978-3-934 214-69-9

Pedro Graf, Maria Spengler
Leitbild- und Konzeptentwicklung

5. überarbeitete Auflage
128 Seiten, Format A4
50 Abb. / Graf. / Checkl., Zweifarbdruck
25,80 € (D) / 26,60 € (A) / 46,00 sFr (Softcover)
ISBN 978-3-940 562-07-4

Hans Dietrich Engelhardt, Pedro Graf,
Gotthart Schwarz
Organisationsentwicklung

2. überarbeitete Auflage
164 Seiten, Format A4
60 Abb. / Graf. / Checkl., Zweifarbdruck
25,80 € (D) / 26,60 € (A) / 46,00 sFr (Softcover)
ISBN 978-3-934 214-45-3

Hans Dietrich Engelhardt
Organisationsmodelle

2. überarbeitete Auflage
144 Seiten, Format A4
34 Abb. / Graf. / Checkl., Zweifarbdruck
25,80 € (D) / 26,60 € (A) / 46,00 sFr (Softcover)
ISBN 978-3-934 214-14-9

Gotthart Schwarz
Sozialmanagement

4. überarbeitete und erweiterte Auflage
Pilot der Reihe
156 Seiten, Format A4
36 Abb. / Graf. / Checkl., Zweifarbdruck
25,80 € (D) / 26,60 € (A) / 46,00 sFr (Softcover)
ISBN 978-3-934 214-63-7

Hans Dietrich Engelhardt
Total Quality Management

TQM: Konzept – Verfahren – Diskussion
152 Seiten, Format A4
31 Abb. / Graf. / Checkl., Zweifarbdruck
25,80 € (D) / 26,60 € (A) / 46,00 sFr (Softcover)
ISBN 978-3-934 214-64-4

Fordern Sie den aktuellen Verlagskatalog an oder sehen Sie ins Internet: www.ziel.org

Bestellungen bitte an:
ZIEL - Zentrum für interdisziplinäres
erfahrungsorientiertes Lernen GmbH
Zeuggasse 7–9, 86150 Augsburg
Tel. (08 21) 420 99 77, Fax (08 21) 420 99 78
E-Mail: verlag@ziel.org

Alle Bände dieser Reihe sind mit einer Fülle praktischer Beispiele und anschaulicher Grafiken ausgestattet. Sie präsentieren theoretisches Wissen in verständlicher Sprache und praktische Anregungen in optisch attraktivem Zwei-Farb-Druck. Das DIN A4-Format, die Stichworte am Rande und ausführliche Literaturverzeichnisse erhöhen den Gebrauchswert der Publikationen für die Leser und Leserinnen.

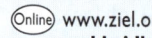 www.ziel.org
... und bei Ihrem Buchhändler!